广州市宣传文化出版资金资助项目
国家自然科学基金项目（项目批准号：71172078）

广州市宣传文化出版资金

高管团队
背景特征、激励机制与企业研发投入的关系研究

何霞　著

暨南大學出版社
JINAN UNIVERSITY PRESS

中国·广州

图书在版编目（CIP）数据

高管团队背景特征、激励机制与企业研发投入的关系研究/何霞著.
广州：暨南大学出版社，2013.12
ISBN 978-7-5668-0651-2

Ⅰ.①高…　Ⅱ.①何…　Ⅲ.①企业—管理人员—影响—企业—技术开发—研究　Ⅳ.①F273.1

中国版本图书馆 CIP 数据核字（2013）第 145692 号

出版发行：暨南大学出版社

地　址：中国广州暨南大学
电　话：总编室（8620）85221601
营销部（8620）85225284　85228291　85228292（邮购）
传　真：（8620）85221583（办公室）　85223774（营销部）
邮　编：510630
网　址：http：//www.jnupress.com　http：//press.jnu.edu.cn

排　版：广海照排设计中心
印　刷：佛山市浩文彩色印刷有限公司

开　本：787mm×960mm　1/16
印　张：10.125
字　数：170 千
版　次：2013 年 12 月第 1 版
印　次：2013 年 12 月第 1 次

定　价：25.00 元

（暨大版图书如有印装质量问题，请与出版社总编室联系调换）

序

在市场竞争日趋激烈、企业经营趋向多元化的今天，技术创新日益成为推动高新技术企业发展的不竭动力，同时代表高新企业技术创新能力的研发投入在提升企业竞争力、提高企业经济效益等方面也发挥着重要作用。然而，目前我国高新技术企业仍普遍存在着技术创新整体水平不高、企业研发投入偏低的现象。本书借助高管团队理论、激励理论、委托代理理论以及创新理论等研究成果，以我国329家高新技术上市企业为研究样本，选取了衡量高管团队背景特征的六项指标、衡量高管激励的三项指标以及衡量企业研发投入的两项指标，通过对高新技术上市企业高管团队的背景特征、激励机制以及企业研发投入关系进行理论论证和实证检验，并在此基础上提出了提高企业研发投入水平的建议，同时也提出了后续的研究展望。

对比国内的同类研究，本书的创新与价值主要体现在以下三个方面：

第一，本书深化了关于高管团队背景特征与企业创新绩效之间因果关系的讨论。基于以往研究成果的不足及结论的不一致性，本书在前人研究的基础上细致刻画了高管团队背景特征及其异质性、高管激励机制以及企业研发投入三者之间的关系，重点比较了高管团队背景特征与企业内部激励机制之间的匹配关系。这不仅在理论上澄清了企业对如何整合现有人力资源而成功组建具有较高研发能力和创新水平的高管团队的模糊认识，同时也从更深层面上阐述了高管团队背景特征对企业研发与创新的作用机制。

第二，本书以高新技术上市企业为样本，通过实证检验证明激励机制在高管团队背景特征与企业研发投入的关系中起到了重要的调节作用，回答了以往研究所提出的“一旦激励机制失效，高管团队背景特征对企业研发投入的预测结果还能否一致”等问题。同时，本书还探索性地分析了高管团队在怎样的激励方式下才更有可能发挥创新性，从而促进企业的研发投入。因此，本书的研究成果不仅会对拓展高管团队理论的适用性起到重要作用，而且也有助于启发具有内在研发创新需求的企业理性地建构高管团队，进而谋求更高的研发水平和创新绩效，更有助于企业优化对高管团队的激励机制以及对高管人员的管理措施和方法，改善公司内部治理结构、提高治理水平。

第三，本书在高管团队跨文化研究方面也作了一些有益的探索和尝试。在中国特有的制度环境下，不同所有制企业在高管团队背景特征、企业内部治理结构及运作过程等方面的差异较大，而这种差异又深刻影响着企业研发与创新的战略选择和决策质量，进而影响到企业研发创新活动和绩效水平。鉴于此，本书结合中国企业的具体情况，对不同性质的高新技术企业在高管团队背景特征、激励机制与企业研发投入之间关系的差异性上进行了比较和探索性研究，其结果无论是对不同所有制下高管团队的理论研究，还是对高新技术企业创建高管团队的实践都具有一定的现实意义。

本书不仅体现了研究者扎实的专业基础与深厚的理论研究功底，而且也反映出她对学术孜孜以求和不畏辛苦的探索精神。本书的出版将为我国高管团队研究领域的后续研究提供有益的参考，同时，我们也相信这将是何霞老师个人学术道路上的又一个新起点。

苏晓华

2013 年 10 月 18 日

目录

第一章

引　言

一、选题动机意义和研究现状

高科技企业由于面临着资源约束的窘境和以技术变革为主要特征的激烈国际竞争，所以研发与创新已经成为了这类企业获取和保持长期竞争优势的关键。按照联合国教科文组织的规定，研发（Research & Development，以下简称 R&D）是指在科学技术领域中，为增加知识总量（包括人类文化和社会知识的总量）以及运用这些知识去创造新的应用而进行的系统性、创造性的活动，包括基础研究、应用研究和试验发展三类活动，也可译为“研究与开发”、“研发”、“研究与发展”或“研究与试验性发展”。研发作为企业技术创新链条上的重要环节，是企业核心竞争力的重要来源，而高新技术企业对于科学研究和技术创新的要求则更高。因此，高新技术企业只有进一步加强对研发创新活动的关注和投入，才能增强企业自身的竞争力，获得长远发展。

作为企业开展 R&D 与创新活动主要的组织者和推动者，企业家的重要性和关键性不言而喻。但随着科学技术的迅猛发展，企业面临的经营环境变得更加动荡和复杂，传统的组织结构和管理形式受到了严峻的挑战。瞬息万变的市场和激烈的竞争使企业不得不快速、准确地作出创新决策（包括研发投入决策），而这一切如果仅靠企业家一人单打独斗是难以实现的。因此，企业越来越需要一支创新水平高、整合能力强的高层管理团队（Top Management Team，以下简称 TMT）来实现企业利益及高管团队成员自身工作价值的最大化。但现实中，相当多的研究和事例表明，即便是组建了团队也未必一定能够形成团队化工作（Team Work），企业中并不乏存在“高层管理伪团队”的现象，有些高层管理者并没有真正参与到团队工作之中，更别说发挥他们在企业 R&D 创新活动中的作用和潜力（Katzenbach & Smith，1993）。因此，如何在高层管理者中组建一支“真正的团队”来发挥其对企业 R&D 创新活动的战略性作用、推动高管人员对企业 R&D 及创新活动的投入以及高层管理团队与企业 R&D 投入之间关系的探讨就备受国内外研究者的关注。

近年来，基于对高管团队与企业 R&D 活动关系研究的需要，学者们将目光聚焦于高管团队的背景特征与异质性（Team Heterogeneity）研究，认为高管团队的背景特征及其异质性（即 TMT 成员的年龄、教育程度、任期、专业背景、职能背景、性别等特征变量在高管团队中的离散分布）与企业创新战略之间存在着显著的相关关系（Hambrick，Cho & Chen，1996）。本书通过梳理相关文献后发现，在 TMT 背景特征（如高层管理者的平均年龄、教育水平、职能背景和任期等）对企业 R&D 创新活动的研究中，研究者们取得了一些较为一致的实证结论（Hoffman & Hegarty，1993；Daellenbach，et al.，1999；Carmen，et al.，2005）。但在对 TMT 异质性研究中，学界却存在着两种截然不同的观点和看法：一种观点认为，高管团队的异质性正向影响着企业的 R&D 创新活动（Wiersema & Bantel，1992；Smith，et al.，1994；Knight，et al.，1999；欧阳慧、曾德明和张运生，2003）。首先，异质性高的高管团队具有更强的 R&D 能力，能够在认知冲突中激发更多的观点，并且能够在竞争中灵活调整企业战略、整合更多资源来解决企业所面临的问题，因而更有利于应对复杂情况，如战略定位、环境震荡、技术变革以及高管继任等问题；其次，异质性可以增加高管团队的信息来源和解释的多元性，有助于团队以开放的思维看待外部变化，并使得团队成员有变革和被变革的意愿，进而提高了团队的 R&D 动力及创新绩效（成瑾和白海青，2010）。另一种观点认为，高管团队的异质性负向影响着企业的 R&D 创新活动（张小林和王重鸣，1997；张平，2006；肖久灵，2006；刘军、李永娟和富萍萍，2007）。高管团队成员可能会由于各自的背景、经验、信念和价值观等的差异，导致相互沟通和交流困难，从而带来团队冲突与政治活动增多、团队凝聚力和 R&D 创新能力弱化、企业 R&D 投入减少及绩效降低等负面效应。显然，上述研究均没有得出 TMT 背景特征与企业 R&D 活动和创新绩效之间关系的一致性结论，这说明在后续的研究中应该引入一些重要的调节变量或情境变量，以提高 TMT 理论研究模型的适应性和解释力。

在对 TMT 背景特征和企业创新关系的情境研究方面，国内外学者关注的重点有所不同。国外学者主要侧重于分析职能间协同、环境动荡性、产品的新颖程度等情境因素对两者之间关系的调节作用。例如，Auh 和 Menguc（2005a）在考察 TMT 背景特征异质性与企业创新性之间的关系时使用职能间协同（Inter-functional Coordination）作为调节变量，结果显示 TMT 教育水平的异质性和任期的异质性与企业创新性之间不存在显著的相关关系；然而在企业各职能领域间协同水平较高的情况下，教育水平的异质性和任期的异质性与企业创新之间却呈现出显著的正相关关系。这项研究表明，情境变量的引入可以更加彰显高管团队背景特征异质性对企业创新的正面效应。在此基础上，Auh 和 Menguc（2005b）又同时引入环境动荡性

（Environmental Turbulence）和职能间协同两个情境变量，深入分析它们对职能背景的异质性与企业创新之间关系的调节作用。他们发现，TMT职能背景的异质性不利于形成创新性的企业战略，而企业外部环境的动荡性也将强化这种负面效应；但在企业各职能间协同水平较高的情况下，这种负面效应却可以转变为正面效应，即高的企业职能间协同水平将促进职能背景的异质性对企业创新的正向影响。值得一提的是，职能间协同的这种调节作用在企业外部环境动荡性较低的情况下却不存在。换而言之，只有当企业面临复杂多变的外部环境且各职能领域间的目标具有一致性，并实现了良好的沟通与协作的情况下，研究者们才能观测到TMT职能背景异质性对企业创新的积极作用。Amason和Shrader（2006）研究了产品的新颖程度（Newness and Novelty）对TMT年龄、教育水平、教育专业、职能背景异质性与企业创新之间关系的调节效应。实证结果显示，在产品新颖程度较高的情况下，高管团队的异质性与新产品的市场绩效和盈利能力之间呈现负相关关系。他们认为，产品的新颖程度不同，对企业高层管理者创新能力的要求也不同。对已有产品的模仿创新则要求企业高层管理者应具备较强的学习能力和获取信息的能力，而原始创新由于缺乏现成可供参考的外部信息，因此对企业高层管理者的R&D和创造能力有更高的要求。显然，异质性的TMT在信息多样性方面具有较强的优势，因此更符合企业模仿创新的要求；而同质性的TMT则由于具备较高的内部沟通效率而更适合开展原始创新。国内学者对高管团队背景特征与企业R&D创新之间关系的情境研究则主要集中在高管团队权力、CEO的领导力和领导风格等方面。鲁倩和贾良定（2009）用200家上市公司的数据证实：TMT人口统计学特征对企业多元化战略的影响受到“高管团队权力”（即在战略制定中施加其愿望和看法的能力）的影响。江岩和张体勤（2008）则提出，高管团队背景特征与企业R&D创新的关系，在不同领导力的情境下，其强度甚至方向都会发生改变。文芳（2008）按照控股股东类型对1999—2006年中国上市公司的R&D投资数据进行分组检验，结果表明，控股股东类型不同，高管团队背景特征对公司R&D投资强度的影响也不同。由此可见，上述研究仍未能从根本上改变缺乏对TMT背景特征动态的研究和情境变量研究现状不足的情况。因此，细致研究中国高管团队背景特征的具体差异，努力打开“高管团队背景特征——企业技术创新”这一传统研究范式中的“黑箱”，加强对高管团队情境变量的研究就显得十分有意义。

我们认为，企业需要通过R&D创新活动来降低成本和提高竞争力，因此，企业的 R&D 投入程度决定着企业的成败和发展。由于 R&D 投入同时具有风险性高、投资周期长和投资规模大等特点，因此，高管团队的 R&D 投入动力将在很大程度上取决于企业内部激励机制对高层管理者的影响。Conceição 等（2002）指出，企业 R&D 创新的内外部环境中存在着极高的不确定性和复杂性，为了提高企业 R&D 创新水平，激励机制就显得尤为重要。企业 R&D 创新的激励机制是通过一套理性化的制度来反映激励主体（所有者和高管层）与激励客体（R&D 人员）之间相互作用的方式（Bottazzi & Peri，2003），因此激励机制应从多方面体现与激励主客体相关的激励因素（Incentives）。Acs 等（2002）认为，企业内部建立的创新激励机制是企业 R&D 创新得以有效开展并取得成效的关键。同时，他们还进一步把激励机制细分为精神激励和物质激励两个层面。Bouwman 和 Hulsink（2002）的研究表明，有效的激励能充分调动员工的主动性和创造性，从而使企业的 R&D 创新动力得以持续。以上研究虽然对企业 R&D 创新中的激励问题有所涉及，但讨论的重点并没有细化到企业内部治理的具体影响因素，因此也不能对激励机制如何影响企业 R&D 投入给出合理的诠释。

基于上述分析，本书提出，高管团队背景特征与激励机制是影响企业 R&D 投入的重要因素，激励机制在高管团队背景特征与企业 R&D 投入的关系中起到了重要调节作用，高管团队背景特征对企业 R&D 投入的正向效应因受到激励机制的影响而得以充分发挥。

二、研究目的

在对国内外高管团队背景特征及异质性的相关理论和观点进行系统梳理之后，本书以探究性分析为研究的切入点，把知识经济背景下的我国高新上市企业作为研究对象，主要研究高管团队背景特征、激励机制对企业 R&D 投入的影响，以及激励机制对高管团队背景特征和企业 R&D 投入之间关系的调节作用。在此基础上，本书在研究中主要尝试解决以下三个基本问题：

第一，打造一支创新、高效的高管团队，应着重考虑高层管理者哪些背景特征，这些特征又将如何影响和作用于企业的 R&D 投入动力和团队的创新效能。

第二，高管团队背景特征与企业 R&D 投入的关系，在引入激励机制之后，能否变得更加清晰。或者说，怎样的激励方式才能够使高管团队保持较高的 R&D 动力和创新性。

第三，企业的 R&D 投入水平如何与激励机制方式相匹配，企业的 R&D 投入水平如何与高管团队的背景特征及其异质性相匹配。

三、研究思路及框架

本书共分为六章，各章基本内容如下：

第一章，引言。本章首先陈述了本书的研究背景，进而提出了研究目的以及本研究在理论和实践方面的意义，随后简要介绍了本书的主要内容与总体结构安排。

第二章，理论基础与研究思考。本章主要对本课题相关的研究文献进行了梳理和回顾，主要包括：高层管理团队、高管团队背景特征、高管团队背景特征异质性、激励机制、企业技术创新五部分内容，从而为本书研究的顺利开展提供坚实的理论依据。

第三章，理论分析模型与假设。在第二章综合分析已有文献的基础上，本章构建了本书研究的理论模型。同时，本章还对以往文献中有关高管团队背景特征与企业技术创新的关系、激励机制与企业技术创新的关系、激励机制对高管团队背景特征与企业技术创新之间关系的调节作用等方面的相关研究成果进行回顾与总结，并提出了进一步的研究假设。

第四章，研究方法设计。本章首先介绍了本书所研究样本的来源、研究方法以及研究过程，然后分别对因变量、自变量、调节变量和控制变量进行界定和度量，最后介绍了本书所研究的数据分析方法，并通过描述性分析、相关分析、单因素方差分析等研究方法分析变量之间的相关性和差异性。

第五章，实证检验结果与分析。本章主要通过运用 SPSS 18.0 软件对调查数据进行整理和分析以及多元回归分析验证本研究所提出的假设，列示了本研究的数据分析结果以及初步的研究结论。

第六章，结论与讨论。针对以上的数据分析对得到的研究结果进行细致分析和讨论，得出本研究的主要结论与成果，最后指出现有研究的局限性以及未来可能的研究方向。

四、研究意义及创新

（一）理论价值及创新

从学科意义的角度来看，本研究的理论价值主要体现在以下两个方面：

第一，本研究深化了有关高管团队背景特征与企业创新之间因果关系的讨论。Hambrick 和 Mason（1984）首先提出用高管团队成员组成的人口统计学变量来研究高层管理团队问题，为 TMT 研究奠定了基础。虽然，已有学者（Hambrick，1994；姚振华和孙海法，2010；伍莹，2008）开始注意到“高管团队背景特征——企业创新”之间并非简单的线性关系，并尝试解开高管团队运作过程的“黑箱”之谜，但就总体而言，目前的研究还不够深入，也不具备理论的系统性，且在高管团队背景特征异质性程度与企业创新关系的检验和论证上始终没有达成一致的结论。因此，本书在前人研究成果的基础上，细致刻画了高管团队背景特征及其异质性、高管团队激励机制与企业 R&D 投入三者之间的关系，重点比较了高管团队背景特征与企业内部激励机制之间的匹配关系。这不仅在理论上澄清了企业对如何整合现有人力资本而成功组建一支具有较高 R&D 能力和创新水平高管团队的模糊认识，同时也从更深的层面上阐述了高管团队背景特征对企业 R&D 与创新的作用机制。

第二，本研究分析了激励机制对高管团队背景特征与企业 R&D 投入之间关系的调节作用。本书在研究高管团队背景特征与企业 R&D 投入之间关系的基础上，从团队层面出发，考察了激励机制对二者关系的影响，并尝试回答了“一旦激励机制失效，高管团队背景特征对企业 R&D 投入的预测结果还能否一致”等问题。同时，本书还探索性地研究了激励机制中薪酬激励、股权激励、晋升激励对高管团队背景特征与企业 R&D 投入之间关系的不同影响以及在不同的激励水平下的差异。上述问题的解决将对拓展 TMT 理论的适用性起到至关重要的作用。

（二）应用价值及创新

从实践意义的角度来看，本研究成果的应用价值主要体现在以下两个方面：

第一，本研究从理论上分析了高管团队在怎样的激励方式下更可能发挥团队的创新性，从而促进企业的 R&D 投入。这不仅有助于启发有内在 R&D 创新需求的企业理性地建构高管团队进而谋求更高的 R&D 水平和创新绩效，同时也有助于企业优化对高管团队的激励机制以及对高层管理人员的管理措施和方法，改善企业内部治理结构、提高治理水平。因此，本研究对提高我国高新技术企业的 R&D 水平以及自主创新能力等方面具有一定的实践指导意义。

第二，本研究在高管团队跨文化研究方面也作出了一些有益的探索和尝试。在中国特有的制度环境下，不同所有制企业（包括国有企业、非国有企业）在高管团队背景特征、企业内部治理结构及运作过程等方面的差异较大，而这种差异又深刻影响着企业 R&D 与创新的战略选择和决策质量，进而影响到企业 R&D 创新活动和绩效水平。因此，有必要针对不同性质的企业展开深入研究。鉴于此，本研究结合中国企业的具体情况，对不同性质的高新技术企业在高管团队背景特征、激励机制与企业 R&D 投入之间的差异性上进行了比较和探索性研究，以期对我国不同所有制下的高新技术企业创建高管团队提供一定参考。

第二章

理论基础与研究思考

第一节 高管团队的理论界定与研究框架

一、高管团队的理论界定

在高管团队的实证研究中，高管团队概念界定的准确与否决定了研究中数据收集和测量的可靠性，并最终影响研究结果的科学性。如何界定高管团队，在已有的研究中，研究者为获得稳定、有说服力的测量结果，选择了不同的方法，包括面向 CEO 的问卷调查、对 CEO 的深度访谈等（张平，2006）。其中，根据管理者的头衔和所处的管理层级来界定高层管理团队的方法最为常用（Wiersema & Bantel，1992；Hambrick & D'aveni，1992；Sutcliffe，1994；Boeker，1997）。在表 2－1 中，笔者整理了近年来国内外学者对高层管理团队较为典型的定义。

表 2－1 高管团队的定义

研究者（年份）		研究者对高管团队的界定
国外学者对 TMT 的界定	Hambrick & Mason（1984）	所有高级管理人员。
	Fredrickson & Mitchell（1984）	通过和 CEO 讨论后确定的、在关键的经营决策中发挥常规性效用的经理人团队。
	Hickson，et al.（1986）	积极参与问题讨论并作出决策的管理人员。
	Bantel & Jackson（1989）	参与公司重大决策的高级经理们。
	Murray，et al.（1989） Geletkanycz & Hambrick（1997） Sanders & Carpenter（1998）	董事会主席及副主席，首席执行官、首席作业（经营）主管、总裁、资深副总裁和执行副总裁等。
	Kamm，et al.（1990）	由公司的创建者组成。
	Hambrick，et al.（1996）	副总裁级别以上的所有高层执行者。
	Amason & Sapienza（1997）	CEO 指定的、参与战略决策过程的高级经理。
	Elron（1997）	从首席执行官到高级副总裁层次的高管人员。
	Krishnan，et al.（1997）	CEO、总裁、COO 及下一层次最高级别的管理人员。

（续上表）

	研究者（年份）	研究者对高管团队的界定
国外学者对TMT的界定	Amason & Mooney（1999）	CEO和直接向CEO负责并参加企业战略决策制定过程的高级管理人员。
	Bertrand & Schoar（2003）	薪酬最高的前五名高级管理人员。
	Goll & Rasheed（2005）	在企业经营中作出影响企业绩效决策的团体。
国内学者对TMT的界定	Li, et al.（1999）	CEO、总经理、副总经理以及直接向他们汇报工作的高级经理。
	魏立群和王智慧（2002）	总经理、首席执行官或总裁以及具有副总经理、副总裁、总会计师或首席财务总监头衔的高级管理人员。
	王飞和张小林（2005）	董事长、总经理、各部门总监（如人力资源总监、运营总监）等。
	赵峥和井润田（2005）	由董事会成员，正、副总经理及其他共同参与战略决策的高层管理者组成，通常有3～10名成员。
	李增泉（2000） 王华和黄之骏（2006）	公司董事会成员、总经理、总裁、副总经理、副总裁、财务总监、总工程师、总经济师、总农艺师、董事会秘书和监事会成员。
	鲁倩和贾良定（2009）	总经理、副总经理、总经理助理、总工程师、总会计师等。
	鲁海帆（2010）	总经理、总裁、副总经理、副总裁、财务总监、总工程师、总经济师、总农艺师、董事会成员和监事会成员。

从国外学者对TMT的操作定义来看，高管团队成员均来自企业管理的最高层级，属于企业战略和决策的制定者与执行层，负责整个企业的组织、协调与运作，在企业的经营管理上拥有极大的决策权与控制权，因此，对于企业的运营效率与绩效结果都有着重大的潜在影响力。然而，并非把高层管理者简单地组合在一起就能构建出一支运行良好的高管团队，并产生团队性工作的预期效果。优秀的高管团队只存在于那些良性互动、目标一致、资源整合优化、高效能的领导团体中。高管团队既具有团队的概括性特征，又具有其独特的、区别于一般工作团队的特征，如高管团队

的决策功能更强，企业对其学习性、协作性、团结性等方面的要求更高。同时，高层管理者只有紧密地团结在一起，以团队的形式工作，才能应对剧烈动荡的市场环境，并对此作出更快的反应以及提出更灵活的解决问题的方案，从而获得更大的工作成效（Smith，et al.，1994）。西方文献对高管人员的认定，通常包括CEO、COO、业务主管以及副总裁等在内的高层管理人员，有些研究还包括了董事长（Wiersema & Bantel，1992）。在我国传统的体制中，企业的高管团队通常由厂长及下一级的各经理组成，是一个对重大问题和决策进行组织实施的领导集体，俗称“领导班子”（张德和刘冀生，1991）。但按照现代公司制度以及我国《公司法》的有关规定，高级管理人员应该包括公司的经理、副经理、财务负责人、上市公司董事会秘书和公司章程规定的其他人员。有些研究者（李玉君，1991；张晓芹，2008）将高层管理团队界定为具有总经理及副总经理、首席执行官、总裁及副总裁、总会计师或者首席财务总监等头衔的高级管理人员以及那些直接对CEO、总经理、副总经理负责的其他高级管理人员，如厂长、技术总监等。

本书参考李增泉（2000）、王华和黄之骏（2006）以及鲁海帆（2010）的方法，对高层管理人员的职责不进行区分，并将高管团队的范围界定为董事会成员、总经理、总裁、副总经理、副总裁、财务总监、总工程师、总经济师、总农艺师、董事会秘书和监事会成员。

二、高管团队的研究框架

1984年，Hambrick和Mason提出的“高层梯队理论”（Upper Echelons Theory，简称UE）拉开了高管团队研究的序幕，改变了以往研究中只关注“CEO个人”的研究范式。该理论的基本观点是：企业是否能够创新取决于高管团队成员对企业内外部环境的感知和评价，这种感知和评价是环境信息被TMT成员的认知和价值观过滤后的产物，而这种认知和价值观则形成于企业高层管理者过去独特的经历。为了方便测量及获取数据，他们用易于观测的人口统计学特征（如性别、年龄、教育、职业背景、任期等）来“代理”认知、价值观等心理特征以及高管团队内部沟通和冲突等运作过程，以预测高管团队对企业R&D能力及创新绩效的影响。此外，TMT研究还被认为是新的战略领导理论。

这个理论框架的提出给后续TMT研究带来较大影响。其后的20年间，国内外学者分别从各自不同的视角对高管团队进行研究，并逐渐形成以下三种研究路径：第一条路径主要考察的是“直接效应”，即研究 TMT 背景特征与企业创新及绩效的直接关系（Hambrick，Cho & Chen，1996；Smith，et al.，1994；Hickson，et al.，1986）。此类研究一致强调 TMT 背景特征对企业创新、战略选择、领导更替以及绩效的重要作用，并主要围绕以下两个维度展开研究：其一，特定的 TMT 背景特征对企业创新和绩效的影响，被称为 TMT 背景特征的内容分析；其二，TMT 背景特征的异质性对企业创新及绩效的影响，被称为 TMT 背景特征的结构分析。第二条路径关注的是“中介效应”，即研究 TMT 背景特征对企业创新及绩效的影响是否通过团队内部的某种运作机制或中介过程而发生作用（成瑾和白海青，2010；张小林和王重鸣，1997；姚振华和孙海法，2010）。研究者为了解开横亘在高管团队背景特征与企业创新及绩效之间的“黑箱”之谜，把目光聚焦于团队内部运作过程，认为高管团队的背景特征通过影响中介过程（如冲突、决策参与、沟通、合作、凝聚力等）而最终影响企业创新和绩效，并一致强调有效的团队过程在发挥 TMT 优势方面的重要作用，研究模式也逐渐发展成为对 TMT 前因、过程、结果三组变量之间关系的研究。第三个路径重点研究的是“情境效应”，即引入某种重要的调节变量，以考察不同情境下 TMT 背景特征对企业创新及绩效的影响（Hambrick & Mason，1984；Geletkanycz & Hambrick，1997；Hambrick，2007）。这些学者认为，理论假设在某些情境下可能比在另外一些情境下更有效，用人口统计学特征作为高层管理团队隐性特征的替代指标时，应考虑恰当的情境变量。在某些情况下，一旦情境因素未被考虑，TMT 背景特征就不能准确预测结果。

针对高管团队近期的研究状况，本书确定了本研究关注的重点——研究高管团队的“情境效应”，即在 TMT 背景特征和企业创新之间引入情境变量，以提高 TMT 理论模型的适应性和解释力。

第二节　基于绩效的高管团队背景特征

创新是经济发展最重要的驱动力，企业家则是企业开展“破坏性”创新活动的主要组织者和推动者。企业家作为企业的领导核心，其重要性不言而喻。但是，随着科学技术的迅猛发展，企业面临的经营环境变得更加动荡和复杂，传统的组织结构和管理形式受到严峻的挑战。快速变化的市场和激烈的外部竞争要求企业快速、准确地作出决策，如果仅靠企业家一个人的单打独斗是难以实现的，组织、领导越来越成为一个团队共享的过程。通过团队合作的形式可以使高层管理者的工作价值实现最大化，在高层管理者中构建一个“真正的团队”就变得至关重要。因此，高层管理团队在推动组织创新和提高绩效方面的突出表现也日益受到学术研究者的关注。

Hambrick 和 Mason（1984）提出的“高层梯队理论”拉开了高管团队研究的序幕，改变了以往研究中只关注“CEO 个人”的研究范式。该理论的基本观点是：①高层管理团队的人口统计特征，如性别、年龄、教育、职业背景等，能够反映认知、价值观等心理特征以及团队内部的沟通和冲突等运作过程；②团队成员不同的人口统计特征及其作用过程会影响组织的战略选择与绩效水平。高层梯队理论（Upper Echelons Theory，简称 UE）为 TMT 的研究搭建了基本的理论框架（见图 2 -1 高层梯队理论模型）。其后的 20 年间，国内外学者从各自不同的视角对高管团队进行研究，形成了各自不同的研究重点和成果。通过对国内外已有文献资料进行梳理后，我们发现目前高管团队理论研究主要从以下两种视角展开。

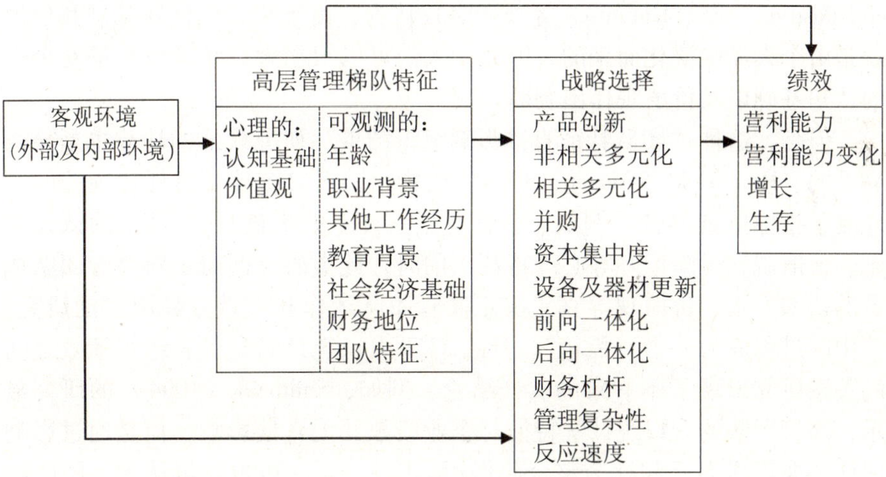

图 2 -1　高层梯队理论模型

一、高管团队的研究视角

（一）高管团队特征与组织绩效之间的因果关系判定

从因果关系判定视角切入的研究一致强调TMT组成特征对组织绩效的重要作用，并主要围绕以下两个维度展开研究：其一，特定的TMT组成特征对组织绩效等的影响，被称为TMT组成特征的内容分析；其二，TMT组成特征的异质性对组织绩效等的影响，被称为TMT组成特征的结构分析。

1. TMT组成特征的内容分析

在对TMT组成特征的内容分析中，学者基于高管团队的“一致性假设”，并受到“指导高层管理团队的实践需要易于观察的背景数据”观点的影响，为了测量及数据获取的方便，用可观测的人口统计学特征代替认知特征和价值观等主观因素来预测高管团队绩效，认为人口统计学特征可以在很大程度上反映出高层管理人员的认知基础和价值观。在考察人口统计学背景时，较为常用的人口统计学变量是：年龄（Age）、职能（Function Track）、其他工作经验（Other Career Experience）、教育（Formal Education）、社会经济背景（Social Economic Background）、财务状况（Financial Position）等。Hambrick等（1984）认为，由于个人的认知基础和价值观是由个人经验演化而来的，因此，人们可以根据人口统计学特征对个人的认知基础以及价值观作出判断。

但是，这种“团队特征直接影响组织结果”研究模式的缺陷也是显而易见的。Hambrick和Mason（1984）也指出，人口统计学特征比纯粹的心理测量指标更具噪音。例如，教育背景也许不能准确反映TMT的认知基础、价值观和风险偏好等心理特征。同时，此类研究回避了对高管团队成员的认知方式、价值观等真正决定高管团队运作和绩效差异因素的研究，使中间过程成为一个“黑箱”，导致TMT人口统计学特征和组织绩效之间的关系研究出现了不一致的实证结论。例如，Smith等（1994）的研究显示，高管团队的人口统计学特征对企业绩效并无直接影响，而是通过影响团队的非正式沟通和社会整合起作用。Priem等（1999）也认为，团队特征对组织绩效的影响不太可能发生，真正的因果联系更大程度上取决于高层管理成员的认知和思考过程。

2. TMT组成特征的结构分析

在对TMT组成特征的结构分析中，研究学者进一步考察了TMT组成特征的同质性和异质性问题。同质性（Homogeneity）是指高管团队成员在人口统计学特征以及重要的认知特征、价值观等方面的接近程度，异质性（Heterogeneity）则是表明以上特征的差异程度。TMT组成特征的同质性有助于提高组织效率（Hambrick & Mason，1984），因为相似的背景和经验能减少团队成员之间的沟通障碍，有效地避免冲突，从而使团队能够更快地作出战略决策。因此，同质性适用于在相对简单的环境中解决常规性的问题。然而，同质性也易使团队成员的思维趋同，对问题不敏感，进而丧失机会。在对高管团队组成特征的异质性研究中，学界存在着截然不同的观点和结果：一种观点认为，高管团队组成特征的异质性负向影响着组织战略和组织绩效（张小林和王重鸣，1997；张平，2006；肖久灵，2006；刘军、李永娟和富萍萍，2007）。团队成员可能会由于各自的背景、经验、信念和价值观等差异，导致相互之间沟通和交流困难、冲突增加，进而降低团队凝聚力与组织绩效。例如，张平（2006）对我国上市公司TMT特征的实证分析表明，中国企业高层管理团队的任期异质性和职业经验异质性均与企业绩效负相关。另一观点认为，高管团队组成特征的异质性正向影响着组织战略和组织绩效（Wiersema & Bantel，1992；Smith，et al.，1994；Knight，et al.，1999；欧阳慧、曾德明和张运生，2003）：首先，异质性高的高管团队具有更强的创新能力，能够在认知冲突中激发更多的观点，灵活调整组织的战略定位，并整合更多的资源来解决问题，因而更适于应对复杂的情况，如公司战略定位、环境震荡、技术变革以及高管人员继任等问题；其次，异质性可以增加高管团队信息来源和信息解释的多元性，有助于团队以开放的思维看待外部变化，让团队成员有变革和被变革的意愿，从而影响团队过程和组织绩效。

但也有学者得出了与上述研究不同的结论。例如，魏立群和王智慧（2002）对我国上市公司高管团队的规模、平均年龄、年龄的多样化程度、教育背景的多样化程度、职业来源的多样化程度和成员的经验丰富程度等特征与企业绩效的关系进行了实证分析，结果仅表明了TMT成员的平均年龄越大，企业绩效越好，而其他假设都未获支持。孙海法等（2006）通过对中国纺织和信息技术上市公司的研究发现，只有信息行业高管团队的任期异质性与企业的长期业绩显著正相关，他们同时提出高管团队的异质性特征与组织绩效相关不显著的一个可能性解释是研究中没有考虑过程变量的中介作用。

造成上述研究成果及结论不一致性的原因，也许是高管团队研究采用表象特征来代理其内在的认知基础和价值观，这种研究手段本身会存在“虚假替代”的可能。因此，有学者开始从 TMT 运作过程视角对高管团队进行研究，他们认为应该更深入剖析 TMT 内在的作用机理，以便更真实地反映现实问题。

（二）高管团队特征与组织绩效之间的作用机理分析

1. 关注 TMT 内部“运作过程”

与上述研究不同，过程视角的研究者为了解开横亘在高管团队组成特征与组织绩效关系中间的“黑箱”之谜，把目光聚焦于团队内部运作过程，认为团队特征通过影响中间过程（冲突、决策参与、沟通、合作、凝聚力等）而最终影响组织绩效，并一致强调有效的团队过程在发挥 TMT 优势方面的重要作用，研究模式也逐渐发展成为对 TMT 前因、过程、结果三组变量之间关系的研究。

近期关于 TMT 运作过程的研究主要从任务导向（Task Orientation）、决策参与（Decision Participation）、战略认同（Strategic Consensus）、冲突管理模式（Conflict Management Approaches）等方面展开实证分析。但在对 TMT 运作过程的研究中，学者们越来越意识到，从任务导向、决策参与、战略认同、冲突管理模式等单一方面考察团队过程存在较大问题，也容易出现研究的缺陷。Lawrence（1997）的研究证实，高管团队特征与团队运作过程特征、组织绩效的关系在理论上解释的力度不足，也缺乏相对应的实证支持。Finkelstein 与 Hambrick（1990）也提出，高管团队组成特征与企业绩效之间存在一个互动的中介过程。Hambrick（1994）则将团队运作过程中的不同要素整合起来，提出了“行为整合”的构念，将高管团队的过程研究推向了一个新阶段。

行为整合（Behavioral Integration）是体现团队运作过程的综合概念，主要包括三个相互关联的核心要素：信息交换的数量和质量、合作行为和集体决策，抓住了高管团队运作中团队成员共同参与、有效互动的关键。一个高度行为整合的 TMT 应具有大量基于解决方案和决策的有效互动以及开放的信息交流活动，这种交互能够正向影响组织绩效。行为整合是对 TMT 成员行为的协调和整合，它比从沟通、领导、冲突、合作等单个行为维度考察 TMT 运作过程的研究方法更全面。Abraham（2006）发现，高层管理团队的行为整合能提升组织战略决策的质量，缓解组织衰退的速度。Mason 等（2004）和 Hambrick（2007）在对高层梯队理论的最新综述中均指出，高管团队行为整合是打开高管团队运作过程“黑箱”的钥匙，能够为高管团队实践提供更具操作性的指导，是未来研究中最值得关注的一个概念。

在 TMT 行为整合的实证研究方面，主要形成了以 Simesek 等（2005）和 Li 等（2005）为代表的两种研究范式。Simesek 等（2005）主要侧重于研究 TMT 行为整合中的一致行为，即行为整合中“合”的部分。他们在 Hambrick（1994）提出的行为整合三维度（即信息交换、团队合作和集体决策）的基础上，集中关注决策执行过程中的信息沟通和团队合作维度，认为与这两个维度相关的团队过程能体现团体进行互动和交流的程度，并由此发展出 9 个测试项来测量高管团队的行为整合。但是，他们的研究忽视了高管团队现场决策中“不同意见”的参与行为，而且测量题目以主观性判断为主而并非基于行为测量。例如，在对“信息交换”维度的测量中，他们要求 CEO 从“低有效性”到“高有效性”的 5 分量表来评价 TMT 成员提出观点的数量、解决方案的质量以及创新水平，而不是直接测量 TMT 实际的沟通行为。而 Li 等（2005）的研究则偏重于 TMT 行为整合中的不一致性行为，即行为整合中的“不同”。在对国际合资企业高管团队的研究中，他们没有遵循 Hambrick（1994）提出的三个维度，而是重点研究了高管团队中“不同意见”的决策与参与行为，并对行为整合中的团队合作和开放沟通维度较为忽略。

作为一个深入挖掘 TMT 理论的重要契机，TMT 行为整合在国内的研究还刚起步。在对民营企业高管团队信任模式演变与绩效机制的研究中，马可一（2005）验证了中国情境下民营企业高管团队的行为整合同样存在合作行为、信息交换和联合决策三个维度，并证实了高管团队的行为整合对组织的成长绩效和利润绩效有促进作用。伍莹（2008）着重对国企、民企和外企这三种不同类型的企业高管团队进行比较，发现这三类团队中高管团队在特征、行为整合以及行为整合形成机制上存在着较大差异，并由此带来对组织绩效表现的不同影响。姚振华和孙海法（2010）的研究主要从行为视角来定义和测量 TMT 行为整合，重点研究 TMT 组成特征与行为整合的关系，并提出 TMT 行为整合可分为决策参与、开放沟通以及团队合作三个维度。

从现有文献看，国内外学者对行为整合的研究仍存在以下局限：第一，在行为整合构念的定义和测量上仍存有较大分歧。学者们对行为整合的理解还徘徊在“合”或者“不同”两条迥异的研究道路的选择上，较少有“不同而合”的整体思考。第二，目前还缺乏对有效 TMT 行为整合前驱动力的深入探讨和研究。现有研究仍停留在对 TMT 组成特征与行为整合关系的理论探索与实证分析上，研究深度明显不足。未来的研究可朝纵向发展，深入挖掘 TMT 组成特征与行为整合之间的调节变量，例如，CEO 的领导风格和 TMT 绩效管理制度等，并展开相应的实证研究。第三，对 TMT 行为整合的结构维度还不够清晰、统一。在理论研究上，学者们对 TMT 行为整合内涵的差异理解导致了已有研究结论之间的相互验证较差；在实证研究方面，目前也缺乏对 TMT 行为整合结构维度的检验和分析。第四，既有的关于 TMT 行为整合的研究在测量方法上部分采用经验性的主观概括判断，这在一定程度上削弱了已有研究结论的解释力度，今后需要向可观测的行为视角测量发展，并用更大样本展开充分的有效性和可靠性分析。第五，少有文献关注 TMT 行为整合内部的行为动态和机制变迁问题。行为整合虽然可以看作是某段时期内较为稳定的团队互动特质，但 TMT 行为整合过程中的动态差异现象仍值得关注，未来可以通过案例形式或者跟踪某个特定行业的企业来进行研究。

综合而论，上述研究目前还处在探索和尝试阶段，且未在概念、维度和结论等方面达成一致，这可能与行为整合研究中没有充分考虑情境特征有关系，也说明在后续的研究中应该引入某些重要的变量或效应，以提高 TMT 理论研究模型的适应性和解释力。

2. 关注 TMT 外部“情境效应”

UE 理论指出，TMT 特征与组织绩效的关系在不同情境因素的影响下可能发生改变。尽管情境因素只在 Carpenter 模型中占据了很小的一块，但毋庸置疑，对 TMT“情境效应”的关注应是拓展 UE 理论适用性的关键。TMT“情境效应”研究，即引入某种重要的外部调节变量，以考察在不同情境下 TMT 组成特征对组织绩效的影响。学者们认为，理论假设在某些情境下可能比在另外一些情境下更有效，用人口统计学特征作为高层管理团队隐性特征的替代指标时，应考虑恰当的情境变量。在某些情况下，一旦情境因素未被考虑，TMT 组成特征就不能准确预测结果。

在对 TMT 组成特征和组织绩效关系的情境研究方面，国内外学者关注的重点有所不同。国外学者主要侧重于分析职能间协同、环境动荡性、产品的新颖程度等情境因素对两者之间关系的调节作用。例如，Auh 和 Menguc（2005a）在考察 TMT 组成特征的异质性与组织创新性之间的关系时使用职能间协同（Inter-functional Coordination）作为调节变量，结果显示

TMT教育水平的异质性和任期的异质性与组织创新性之间并不存在显著的相关关系；然而在各职能领域间协同水平较高的情况下，教育水平的异质性和任期的异质性与组织创新性之间却呈现出显著的正相关关系。这项研究表明，情境变量的引入可以更加彰显出高管团队组成特征异质性对组织创新的正面效应。在此基础上，Auh和Menguc（2005b）又同时引入环境动荡性（Environmental Turbulence）和职能间协同两个情境变量，深入分析它们对职能背景的异质性与组织创新之间关系的调节作用。他们发现，TMT职能背景的异质性不利于形成创新性的组织战略，而外部环境的动荡性也将强化这种负面效应；但在组织各职能间协同水平较高的情况下，这种负面效应却可以转变为正面效应，即高的职能间协同水平将促进职能背景的异质性对组织创新的正向影响。值得一提的是，职能间协同的这种调节作用在外部环境动荡性较低的情况下却不存在。换而言之，只有当组织面临复杂多变的外部环境且各职能领域间的目标具有一致性，并实现了良好的沟通与协作的情况下，研究者们才能观测到TMT职能背景异质性对组织创新及绩效的积极作用。Amason和Shrader（2006）研究了产品的新颖程度（Newness and Novelty）对TMT年龄、教育水平、教育专业、职能背景异质性与组织创新之间关系的调节效应。实证结果显示，在产品新颖程度较高的情况下，高管团队的异质性与新产品的市场绩效和盈利能力之间呈现负相关关系。他们认为，产品的新颖程度不同，对企业高层管理者创新能力的要求也不同。对已有产品的模仿创新要求企业高层管理者应具备较强的学习能力和获取信息的能力，而原始创新由于缺乏现成的外部信息可供参考，因此，对企业高层管理者的R&D和创造能力则有更高的要求。显然，异质性的TMT在信息多样性方面具有较强的优势，且更符合企业模仿创新的要求，而同质性的TMT则由于具备较高的内部沟通效率而更适合开展原始创新。国内学者对高管团队组成特征和组织绩效之间关系的情境研究则主要集中在高管团队权力、CEO的领导力和领导风格等方面。鲁倩和贾良定（2009）用200家上市公司的数据证实，TMT人口统计学特征对企业多元化战略的影响受到“高管团队权力”（即在战略制定中施加其愿望和看法的能力）的影响。江岩和张体勤（2008）则提出，高管团队组成特征与企业创新与绩效的关系，在不同领导力情境下，其强度甚至方向都会发生改变。文芳（2008）按照控股股东类型对1999—2006年中国上市公司的R&D投资数据进行分组检验。结果表明：控股股东类型不同，高管团队组成特征对公司R&D投资强度的影响也不同。

值得注意的是，在TMT组成特征与组织绩效之间的关系研究中，还有一些外部情境因素（如文化、制度环境、行业等）也备受关注。Geletkanycz（1997a）对20个国家的高层管理者进行了研究，发现不同文化背景下高层管理者对组织的承诺度也不同。在以集体主义为主要特征的东方文化下，高层管理者的任期越长，对企业的忠诚度就越高；而在以个人主义为主要特征的西方文化下，高层管理者的任期与对企业忠诚度的关系并不显著。Borokhovich等（1996）也提出，TMT组成特征与组织绩效之间的关系受其他因素（制度环境、行业等）的影响。孙海法等（2006）通过实证数据证实，高管团队的平均任期与企业的短期绩效正相关，而信息行业中高管团队的平均任期与企业的长期绩效负相关，即行业因素调节了高管团队任期与企业绩效之间的关系。然而，上述研究仍未能从根本上改变TMT组成特征动态研究的缺乏和外部情境效应的变量研究不足的现状。因此，细致研究中国独特背景下高管团队背景特征的具体差异，努力打开"高管团队背景特征——组织绩效"这一传统研究范式中的"黑箱"，加强对高管团队情境变量的研究就显得十分有意义。

二、未来研究方向

在经历二十多年的发展并取得丰硕研究成果后，TMT研究视角仍亟待拓展。在系统梳理和分析以往文献资料之后，笔者认为未来的研究可朝以下几个方面发展：

第一，加强TMT认知特征对团队运作过程及行为的影响研究。组织行为学以及社会认知理论一致认为，认知过程（如期望、感知等）对解释人的行为具有重要作用，人的行为特点很大程度上取决于认知特征。TMT研究的最初思路也是基于认知视角，但是出于对数据测量及获取便利性的考虑，以往的研究用人口统计学特征及其异质性来代替TMT认知特征，因而导致研究结果的不稳定，有时甚至出现相互矛盾的情况。虽然已有学者对TMT成员心理状态或认知过程变量进行了探索，并找出了一些重要的相关影响因素，但研究仍只是停留在理论层面，在实证测量方面却一直未能有重大突破。从认知视角进行观察，深入研究认知特征对高管团队沟通、冲突、行为整合等运作过程的具体影响机制，突破认知特征的实证及测量瓶颈，应成为未来TMT研究的重要思路。

第二，深入挖掘影响TMT行为选择和绩效水平的内在因素。单纯的人口统计学特征并不能够找到影响人们态度、信仰或价值观差异的真正根源，也难以认清驱动 TMT 行为的真实心理和社会过程。有些学者基于“以价值观为本的领导学”理论，提出价值观是一个重要的前置因素，因为价值观决定人们的态度与行为，高层管理者的价值观能够沉淀为组织的潜意识，进而影响决策过程、战略以及其他管理功能，团队成员对核心领导所信奉价值观的共享和强烈认同会对团队过程和团队结果产生积极、深远的影响。鉴于价值观对 TMT 团队运作过程的重要意义，今后的研究可以尝试通过团队沟通、冲突、行为整合等中介过程影响组织绩效的作用机制了解 TMT 成员价值观，为 TMT 研究探索出一条新的研究路径。

第三，在行为整合的理论研究中引入“过程损失”分析。过程损失是指尽管团队成员拥有充足的资源、多元化的经验或者其他有利于达到团队目标的优势，但还是发生了执行失败的情况。对此，有三种可能的解释：①高管团队由于屈从于压力而导致形成不成熟的解决方案；②高层管理者没有充分挖掘团体成员所掌握的相关信息；③高层管理者未能协调好团队成员之间的关系以及处理好员工激励问题。尽管“过程失误”可能会降低高管团队战略决策的质量和整个团队效能，但将“过程损失”引入高管团队的相关研究还很难见到，对避免“过程损失”的因素分析和研究也缺乏系统性。因此，探索 TMT“过程损失”的内在作用机理应该成为未来 TMT 研究取得突破性进展的重要因素。

第四，在现有的 TMT 研究成果中加入对 CEO 层次变量的考量。现有文献要么单纯从高管团队角度出发进行研究，要么只针对 CEO 特征入手来分析团队领导效能，少有文献关注 CEO 特征与团队特征的交互，以后的研究如果能在 TMT 前置因素中添加 CEO 层次的变量，那么理论将更加完善。在高管团队的这一整合视角上，已经有学者开始关注此类研究。例如，Arendt 等（2005）将 CEO 视为组织战略决策的咨询顾问，认为 CEO 的意见通过咨询间接影响着 TMT 组成特征和战略决策的关系，并从中划分出正式咨询和非正式咨询两种类型。孙海法等（2008）也认为，未来的 TMT 研究需要认真研究 CEO 的领导风格与整个高管团队运作过程的关系。在高管团队内部的权力分配问题上，我们注意到高管团队中有些高管比其他高管拥有更大的权力。鲁倩和贾良定（2009）用 200 家上市公司的数据证实，TMT 人口统计学特征对企业战略的影响受到“权力”即 TMT 成员在战略制定中施加其愿望和看法的能力大小的影响。今后在研究高管团队特征对战略决策及组织绩效的影响时，应当考虑赋予这些人更高的权重。在 TMT

行为整合问题上，笔者也发现高管团队中有些人没有参与到信息分享和决策中，如果研究中不加区分地把高管团队所有成员的特性联系在一起分析，将会影响对组织战略或者绩效的预测结果。同时，高层管理者的激励、薪酬、更替等问题也将成为这一研究领域的重要补充。

第五，进一步拓展 UE 理论中战略决策的作用机制。可主要从以下两方面进行：①将战略决策作为中介过程进行研究。从高层梯队理论的最初模型中看（如图 2 – 1 所示），战略决策对 TMT 组成特征和组织绩效的关系具有重要的中介作用。Carpenter 等（2004）的研究将组织产出的定义扩展到战略选择和 TMT 或董事会等方面，这恰好验证了 TMT 组成特征对组织绩效的影响在很大程度上需要通过战略决策来完成。但是，现有研究只是从理论上论证了战略决策的中介作用，却没有进一步证实战略决策在什么情况下，以何种程度、什么方式对 TMT 组成特征和组织绩效的关系起作用。②将战略决策作为因变量进行研究。目前的研究大多以组织绩效作为 TMT 研究的结果变量，忽视了高层梯队理论最初强调的“组成特征——战略决策——组织绩效”的作用机理，或者默认了战略决策的制定与组织绩效的一致性。但是，这种对 TMT 结果变量的认识显然是十分有限的，简单地将战略决策与组织绩效等同起来的思路也将限制 TMT 研究的进一步发展。一些研究挖掘了战略决策与组织绩效之间的相互关系，例如，白云涛等（2007）的研究指出，高管团队的战略决策行为首先作用于团队效能指标和战略状况（主要是战略一致性）指标，再由这两个指标影响组织绩效。但从目前文献资料看，TMT 战略决策的形成和作用机理仍不明确，更少见大样本的实证研究。Baum 和 Wally（2003）指出，TMT 组成特征对战略决策速度的影响将可能成为新的 TMT 研究课题。因此，进一步研究战略决策的作用机制将会为高层梯队理论开创新的研究思路。

第六，深化对 TMT 理论的情境研究，包括文化、制度环境等。首先，国内学者在 TMT 的情境研究中把文化视为最重要的影响因素，但是研究方向则主要在于寻找西方理论模型应用于我国文化情境时的不足表现，进而修正西方理论，很少考虑到不同文化背景下的理论适用性问题。尤其是在我国独特情境下，高管团队受到儒家传统文化的影响，讲究“和为贵”、“和谐”的观念，因此，TMT 的认知冲突、沟通、合作以及决策过程都应有不同的表现。此外，许多西方国家已经通过验证的研究结果，在国内仍然可能无法直接应用。例如，人口统计特征中的教育背景变量，由于国内的教育质量和教育水平参差不齐，可能导致无法很好地衡量 TMT 的认知水平和认知结构等。因此，未来的研究应当更深入地探索 TMT 构念和理论模型在我国独特文化背景下的具体体现和内涵，挖掘更多符合我国特殊国情的重要变量，比如 TMT 成员的成长经历、政府工作背景及政治关系等，进而推进本土化研究，这对指导我国高管团队的理论和实践研究意义更大。其次，在中国特有的制度环境下，不同所有制企业（包括国有企业、外资企业、民营企业等）的高层管理团队特征、运作过程差异较大，因此，有必要针对不同性质的企业展开深入研究。魏立群和王智慧（2002）在研究中指出，制度环境对中国企业高管特征与组织绩效之间关系的影响研究将是 TMT 理论研究中的重要探索。目前，国内学者对中国特有制度环境的研究也已经展开，但总体来讲，规模还比较小，研究方法也主要是对国外已有的研究成果进行补充或修改，所以对制度环境影响机制的研究和实证也将成为未来 TMT 研究的重要发展方向。

第三节 高管团队背景特征与战略决策

在对 TMT 背景特征的研究中，学者们基于高管团队的“一致性假设”，并受到“指导高层管理团队的实践需要易于观察的背景数据”观点（Hambrick & Mason，1984）的影响，用容易观测的人口统计学特征代替认知特征和价值观等主观因素来预测高管团队 R&D 活动及创新绩效，认为人口统计学特征可以在很大程度上反映出高管人员的认知基础和价值观。Pfeffer（1983）认为，人口统计学特征是一个非常重要的解释变量，该变量对一系列中介变量和过程产生作用，从而影响组织结果。Biggins（1999）也认为，代表核心利益相关者（如顾客、员工以及投资者等）的人口统计学特征会为企业带来各种直接或间接的收益。Hambrick 和 Mason（1984）指出，由于个人的认知基础和价值观是由经验演化而来，因此，人们可以根据人口统计学特征对个人的认知基础以及价值观作出判断。然而，他也承认，纯粹的人口统计学特征比主观过程变量或心理测量指标更具“噪音”，例如，教育背景可能同时影响个体的认知基础和价值观、风险偏好以及其他心理特征。

在考察高管团队人口统计学背景时，较为常用的人口统计学变量是：年龄（Age）、职业背景（Function Track）、其他工作经验（Other Career Experience）、教育（Formal Education）、社会经济背景（Social Economic Background）、财务状况（Financial Position）等。在参考先前文献的基础上，本书根据研究需要选取了年龄、教育程度、专业背景、职能背景、任期、性别作为高管团队背景特征的变量进行分析，并对相关的研究资料进行了梳理。

一、年龄

由于年轻与年长的高层管理者在成长环境、教育背景、职业经历等方面存在差异，导致他们在工作中表现出不同的观念和行为。Taylor（1975）认为，高层管理者的年龄与其管理经验、适应能力、创新精神等相关，年长的管理者由于精力、体力、学习能力以及推理和记忆等认知能力下降，在决策时会更多地依靠过去的经验，因此，其适应环境变化的能力以及信息整合的能力较弱，在作出新的决策时信心不足，也不愿意采取冒险行为。而且年长的高层管理者处在把职业稳定和收入安全看作重要考虑因素的事业阶段，反而更愿意维持现状、避免风险性的决策，所执行的企业战略也较少发生重大改变（Hambrick & Mason，1984）。

Wiersema 和 Bantel（1992）的研究显示，高层管理团队平均年龄越大，其战略决策行为就越趋于保守，企业的多元化程度就越低。Bantel 和 Jackson（1989）的研究也表明，高管团队的平均年龄越大，就越不愿意采取进攻型战略，平均年龄与企业战略变革呈负相关。而高层管理团队平均年龄越小，其战略决策行为就越倾向于承担风险，也越容易适应环境的变化（Hambrick & Mason，1984）。年轻的管理者更愿意根据市场环境的变化改变自己的战略和决策，喜欢尝试创新性的冒险行为以及学习新的作业方法。因此，在外部环境变化大、竞争激烈的市场条件下，年轻的高管团队更能抢占战略布局优势，抓住战略机会（孙海法等，2006）。Tihanyi 等（2000）的研究显示，高管团队的平均年龄水平对企业全球战略姿态有不同程度的影响。在复杂的市场环境下，平均年龄低的高层管理团队表现出更强的自信心，更愿意推进企业的国际多元化经营。Hambrick 和 Mason（1984）也认为，高层管理团队越年轻，企业就越愿意实施多元化战略。李玉君（2005）在对我国高科技企业的研究中发现，高科技企业中 TMT 的平均年龄比其他行业中 TMT 的平均年龄小得多，这一现象也与上述研究成果吻合，即平均年龄越小的 TMT 能够更有效地适应高科技企业知识更新快、成长迅速、竞争激烈、创新性强等行业特性。

然而，Hart 和 Mellors（1970）以及 Child（1975）的研究表明，年轻

的管理者具有较强的适应能力、学习能力和创新精神，这些都促进了企业的成长，但他们也存在管理经验不足、稳定性差的缺陷，因而导致了企业销售额和收入的波动。Flood 等（1997）也认为，年长的管理者在对企业风险的认识上更为明确、清晰，在承担风险的考虑上也更为成熟，因此平均年龄偏大的高层管理团队开发新产品的能力反而更强。

二、受教育程度

教育程度可以在一定程度上反映出个体的认知能力。教育程度高者通常具有较强的学习力和洞察力，在变化激烈的市场条件下仍能保持清晰的思路，从而作出正确而创新的决策（Bantel & Jackson，1989）。Kimberly 和 Evanisko（1981）指出，教育程度高的高管团队更多地采用管理创新与技术创新。Bantel 和 Jackson（1989）也通过大银行样本的实证研究证实，高管团队成员的教育程度越高就越易于接受创新，且教育程度高的高管团队具有更高的创新能力。同时，教育程度也正向影响着高管团队的社会认知水平，而社会认知水平是高管团队理解企业多元化经营战略以及影响其实施效果的关键（Ginsberg，1990）。较高的社会认知水平使得高管团队能够在复杂、多元的经营环境中快速、准确地定位企业战略，并找到适合企业自身发展的运行模式。因此，教育程度高的高管团队具有更强的环境适应能力，更容易察觉企业发生的战略变革，并且更愿意接受改变和承担风险，在企业战略制定和决策的过程中更倾向于变革和创新（Wiersema & Bantel，1992）。有学者对美国制造业、银行业的高管团队分别进行了调查，结果发现，高学历的高管团队倾向于采取重要的战略决策来获得企业的长期发展，因此，在执行变革中也更容易达成一致并取得成功（Wiersema & Bantel，1992；Bantel & Jackson，1989）。Pfeffer（1983）也指出，CEO 或其他高层管理者受教育的程度与其接受组织变革的能力正相关。

同时，教育程度高者对信息的获取和处理能力更强，更有可能担当跨职能的角色，更能够容忍模糊和不确定的情况以及应对复杂的决策情境（Wiersema & Bantel，1992；Smith，et al.，1994）。高管团队的平均教育程度被认为是影响企业战略选择的最强解释变量。Cho 等（1994）的研究发现，平均教育程度高的高层管理团队，其战略行动的可见性越高、范围越广、速度越快，则在遭到竞争对手进攻时的反应更迅速。Tihanyi 等（2000）在对国际创业高管团队的研究中发现，高管团队的平均受教育水平与企业国际多元化程度正相关。然而，Flood 等（1997）却得出了与上述结论不同的研究结果。他们发现，平均教育程度低的高层管理团队开发新产品的速度比竞争对手要快，原因是教育程度高导致了高管团队内部出现了更多的无效分析，且在外部环境不好时，教育程度高的高层管理者更倾向于回避风险。

三、专业背景

环境、个性、偏好影响了个体对自身所受教育类型的选择，从而形成个体特殊的专业背景，而这种专业背景又决定了他们的认知基础（Cognitive Base）以及反映着他们的专业技能。Smart（1986）认为，高管团队成员先前接受的教育课程形成了他们独特的认知结构及价值观，而这种认知结构及价值观又决定着他们的思维和行为方式，进而体现在个体的专业技能上。而不同的专业技能在企业中的作用也有所不同。Hambrick 和 D'aveni（1992）将高层管理者的专业技能分为两类：一类是会计、金融与法律，另一类是生产、营销与管理。他们认为，前者在企业中更多的是起辅助作用，不能为企业获取或保持竞争优势以及构成企业的核心竞争力，而后者才是企业核心竞争优势的来源和企业获得持续成功的关键。企业往往就是因为不能够有效整合拥有各种核心技能的专家而导致破产。然而，同样是以破产企业为研究对象，Ross 和 Kami（1973）以及 Argenti（1976）却得出了不同的研究结果。他们发现，企业的高管团队由于缺乏金融类专业人员，而导致企业不能建立起完善的金融、财会制度，也无法准确分析企业经营中出现的财务问题，因而使企业承担了较多的风险。

专业背景是高层管理者制定和实施战略决策的基础。Hitt 和 Tyler（1991）的研究发现，高层管理者的专业背景影响了他们对并购对象的评价及企业战略决策的制定。Datta 和 Guthrie（1994）的研究也发现，具有较强技术背景的高管团队更愿意采取密集型的 R&D 战略。同时，高管团队成员的专业背景，特别是居于领导地位的主要管理者（如 CEO、总裁、总经理等）的专业背景会自觉或不自觉地将企业战略引至其擅长的专业领域。Grimm 和 Smith（1991）的研究发现，具有 MBA 学位的高层管理者更愿意进行战略变革。但是，Wiersema 和 Bantel（1992）的研究却给出了不同的结论。他们认为，由于科学和工程领域更关注流程、创新和持续改进，因此，具有科学或工程专业背景的高层管理者更愿意接受战略变革。

同样，具备更多科学或工程专业背景成员的 TMT 团队更倾向于采取多元化战略。然而，Kimberly 和 Evanisko（1981）却认为，组织变革与高管团队成员受正规教育的数量正相关，而与团队成员所受教育类型无关。

此外，企业的规模越大、经营模式越是多元化，就越需要专业背景丰富的高层管理人员。Korsgaard 等（1995）的研究指出，高管团队成员丰富的专业背景更容易形成企业多元化的决策风格，从而易纠正 CEO 决策方向的错误，提高战略柔性。特别是在复杂的市场环境下，高管团队成员多元化的专业背景能够帮助企业适应目标客户群的不同需求（Hambrick & D'aveni，1992）。然而，在不同的市场环境下，高层管理者的专业技能对于企业战略执行效率的影响是不同的（Snow & Hrebiniak，1980；Hitt，et al.，1982）。Michel 和 Hambrick（1992）的研究发现，在相关多元化或单一经营的企业中，TMT 成员的专业背景主要与企业的经营业务相关，因为 TMT 成员的专业技能可以帮助企业提高运作效率；而在非相关的多元化企业中，高层管理团队的主要领导者则是具有金融、法律专业背景的人员，这时专业背景与企业经营业务密切相关的 TMT 成员对企业的贡献不大。

四、职能背景

高层管理者是否具有丰富的职能背景，决定了他们对企业战略重点及风险的不同认知和偏好，并影响着高层管理者乃至整个团队的工作效率和所采取的战略类型（Hambrick & Mason，1984）。职能背景单一的高管团队，其在具体行业中积累的丰富专业经验将有助于团队很好地完成例行性任务，却容易拘泥于有限的见解和信息，喜欢依据过去的标准流程和规则进行决策，无法以更宽广的视野审视企业战略。因此，如果 TMT 成员中的大部分都是从企业内部提拔的，那么当企业面临以前从未碰到过的诸如反常规行动、激烈竞争、技术突变等问题时，高管团队将会由于知识、经验的缺陷而导致决策失误（张平，2006）。

然而，曾在不同行业或企业工作过的高层管理者，在制定企业的战略决策时将不可避免地受到原先工作背景和经验的影响。例如，具有生产型职能背景的管理者可能对企业自动化、生产设备的更新、工艺改进和后向一体化等战略更感兴趣，而具有输出型职能背景的高层管理者则更关注新产品开发、多元化和前向一体化等战略（孙俊华和贾良定，2009）。Jensen 和 Zajac（2004）的研究显示，高层管理团队中具有财务背景的成员越多，越倾向于提高企业的多元化程度以及采取并购战略。张平（2006）也指出，一个从有序竞争行业转入到“割喉式”竞争行业的经理人可能由于不适应激烈的竞争环境而使企业落后于竞争对手，而一个来自实施多元化战略失败企业的高层管理者在其他企业任职时会反对选择多元化战略。

同时，具有丰富的国际化经验的高管团队更倾向于选择国际化的经营战略。国际化经验使得高层管理者获得了海外市场的第一手信息以及熟知在新的、不确定的市场环境下如何成功经营和运作企业（Sambharya，1996）。因此，高管团队中具有国外任职经历的成员所占比例越高、国外任职经历越丰富，团队就越趋于选择国际多元化战略。Tihanyi 等（2000）的研究也证实，高层管理者的国际经验对企业的国际化程度以及全球战略姿态有着积极的影响。Reuber 和 Fischer（1997）在对加拿大的小型公司进行细致调查后发现，具有国际经历的高层管理团队更愿意进入国际化的合作关系中，而且他们所在的公司要比缺乏此类经验的公司更快地获得国外销售收入。Athanassiou 和 Nigh（1999）也认为，高度国际化企业中的 TMT，如果企业表现出来的特征都和高层管理者的国际经验有关，那么 TMT 更有可能拥有广泛的全球咨询网络。而且，当企业 TMT 和董事都具有国际化经验时，基于 IPO 技术的企业会更倾向于追求国际化战略（Carpenter，Pollock & Leary，2003）。

五、任期

TMT 成员的任期与团队内部的社会整合程度密切相关（O'Reilly Ⅲ，et al.，1989a），这是团队内部成员之间实现知识共享、认知传递的关键（Finkelstein & Hambrick，1996）。任期较长的高层管理者通常对企业价值具有更强的责任感（Schmidt & Posner，1992）。因此，在对于高管团队的背景特征研究中，高管团队的任期受到了学者们的最大关注。

首先，高层管理团队的任期深刻地影响着团队成员的认知基础、对外部机会和威胁的识别能力，进而改变着企业的战略选择和国际多元化决策（Wiersema & Bantel，1992；Hambrick & Mason，1984）。任期短的团队由于没有足够的时间来建立通畅的沟通渠道，因而很难就一些具体问题相互理解及达成一致意见，也难以建立起明晰的结构和详细的计划来完成一些必要的信息及认知提示。同时，任期短的高层管理团队也缺乏战略分析所必需的信息交流能力。因此，任期短的团队将会由于对外部环境中存在的机会和威胁不敏感或认识不充分，而导致战略决策的失误（张平，2006）。而任期长的高管团队有充裕的时间进行内部交流与沟通，并建立起分享知识、信息的机制和共同的语言（Zenger & Lawrence，1989），这将加深团队成员对于企业的政策和运作模式的理解（Katz，1982），从而提高了团队识别外部机会和威胁的能力。孙海法等（2006）认为，任期较长的高管团队对企业战略具有更深刻而全面的理解，团队内部信息交流的数量和质量以及团队成员间的合作水平和效率将更高，团队寻找和处理复杂问题的能力也更强。Sutcliffe（1994）的研究表明，高层管理团队的任期越长，团队识别外部机会的能力就越强。在企业推进国际多元化经营战略时，团队对于机会与威胁的认知和识别能力不仅有利于企业对自身资源和能力的准确评估，同时也有利于企业控制更为复杂、不确定性更高的国际市场经营风险。因此，高管团队的平均任期越长，企业的国际多元化程度就越高（Tihanyi 等，2000）。然而，Gupta（1984）的研究却显示，在特定行业中，高层管理团队的长任期会使团队成员产生某种情感上的依赖和政策偏好，或者形成某种“行业智慧”，这将有助于企业的快速决策。但随着工作时间的延长，高层管理者将更多地依赖于某种固定的参考模式，在解决问题时不容易改变立场，从而导致了他们对于行业标准的保守态度，以及限制了他们在战略制定时的多元化选择。Srivastava 和 Lee（2005）也指出，高管团队的长任期将拖延新产品的流动安排和流动时间，企业将越可能成为模仿者而非领导者。

其次，多项研究表明，高层管理团队的任期对企业战略调整与变革具有显著影响。Michel 和 Hambrick（1992）的研究显示，高层管理团队的长任期虽然提高了团队的凝聚力，却也减少了团队成员改变企业现状的可能性，使得企业在业务单位多元化方面更具依赖性。TMT 管理者的任期越长，就越认同组织的现状、文化和规范（Bantel & Jackson，1989），同时也越不愿意去改变企业已有的运行模式（Hambrick & Mason，1984），企业创新和战略变革也越难以实现。Wiersema 和 Bantel（1992）以及 Boeker（1997）虽然针对不同的研究对象进行研究，却得出了一致的结论，即 TMT 的任期与企业变革负相关。Finkelstein 和 Hambrick（1996）的研究也证实，任期长的 TMT 成员对于组织程序的依赖性更强，同时也更倾向于抵制变革和厌恶风险，在战略和政策上更趋于保守，通常采取一种介于主要竞争对手之间的中间战略路线，并取得与行业平均水平相近的绩效；而 TMT 成员任期短的企业则有较多的战略调整。Wally 和 Becerra（2001）以在欧洲的美国跨国公司为调查对象，对高管团队背景特征与企业战略变革的关系进行了研究。然而，他们的研究结果与上述研究有着很大的差别。他们发现，高管团队的任期与企业国际多元化战略的改变正相关。他们给出的一个可能的解释是，对于那些地区多样化、产品多样化程度都已经很高的跨国公司来说，国际多元化程度的变化并不能很好地代表企业的战略改变。

此外，众多研究还显示出高管团队的任期和企业绩效之间存在某种相关关系。Finkelstein 和 Hambrick（1990）在研究了 TMT 任期与企业绩效的关系后指出，TMT 任期将影响到高管团队信息来源和解释的多样性以及团队对风险和责任的态度，进而影响企业绩效。Katz（1982）认为，高管团队平均任期与企业绩效之间大致呈“∩”型关系，团队发展通常需经历三个阶段：第一阶段为融合期，即团队的创建初期。处于这一时期的团队通常很难立即高效运作，且成员之间的融合度也很低。第二阶段为革新期。随着合作时间的推移以及彼此的认识增进，团队进入革新期，团队成员将选择性地进行交流，分享新见解和新观念，逐渐找到各自的角色定位，并发挥各自的专长，从而促进了团队性工作及企业绩效。第三阶段为稳定期，通常发生在团队建立的 2 至 5 年后。这个时期，成员之间的共同经历使他们对环境的认知越来越同质，团队全面交流的趋势变弱，团队内部的沟通次数和质量也逐渐下降；团队成员更多地依赖惯例工作以及处理更多的事务性工作，团队变得缺乏适应性与创新，团队绩效也呈下降趋势。然而，也有学者认为，高管团队成员的任期和企业绩效之间是负相关关系。Goll 等（2001）认为，高管团队的平均任期与企业绩效负相关。杨薇和姚涛（2006）对公司治理与财务舞弊关系进行了深入的研究，发现 CEO 任期在 1% 的显著性水平上存在着差异，舞弊公司的 CEO 任期较长。他们对此结果的解释是，CEO 的长任期会使公司内部治理效率下降，因而更容易发生公司舞弊行为。因为对于公司而言，一个不容易被解雇的总经理将具有更多的控制权，也有更多的机会进行财务舞弊。

在研究中，学者们也开始意识到，高管团队的任期与组织结果之间可能并不是简单的直线关系，也许会受到某种中介过程（Mediating Process）的影响，如团队运作过程、沟通及凝聚力等。Hambrick 和 D'aveni（1992）在比较破产企业与成功企业的高管团队特征时发现，破产企业 TMT 的平均任期明显要短于成功企业。他们认为，破产企业出现经常性决策失误的主要内因在于，高管团队的短任期使得团队成员没有充分的时间进行内部沟通与信息交流。Finkelstein 和 Hambrick（1996）也认为，高管团队的任期越长，团队内部的凝聚力就越强，团队成员之间也越容易形成趋同的认知结构，并具有更好的沟通和交流，从而使得团队更稳定，冲突也更少。Eisenhardt 和 Schoonhoven（1990）提出，长任期将使得团队成员更加懂得如何进行沟通和合作。Katz（1982）也同时指出，高管团队的任期越长，团队的稳定性就越容易产生，团队的社会化程度也越高。Michel 和 Hambrick（1992）认为，任期较长的高管团队具有更高的社交内聚力和决策一致性，长任期将提高团队整合程度和知识共享水平，增加团队进行价值判断的机会。Ensley 等（2002）的研究也表明，平均任期较长的高管团队具有更强的团队凝聚力。然而，Bantel 和 Jackson（1989）的研究却显示，高管团队的任期越长，对企业价值观、规则和战略内涵的信任程度就越高，越容易在企业的整体信念系统中被充分社会化。同时，高管团队的长任期也使得团队内部产生圈内思维（Group-Think），因此，更容易产生排斥外部观点和意见的危险。

值得注意的是，在关于 TMT 任期与企业战略、绩效之间关系的研究成果中，一些情境因素（如环境、文化、行业等）也备受关注。Geletkanycz（1997）对 20 个国家的高层管理者进行了研究，发现不同文化背景下的高层管理者对组织的承诺度也不同。在以集体主义为主要特征的东方文化下，高层管理者的任期越长，对企业的忠诚度就越高；而在以个人主义为主要特征的西方文化下，高层管理者的任期与忠诚度的关系并不显著。他还同时指出，高管团队的任期是企业保持战略和组织绩效程度的预测剂，国家文化对此起到了一定的调节作用，一旦文化因素未被考虑，任期就不能再预测 TMT 的现状承诺。Borokhovich 等（1996）也提出，高管团队的任期与企业绩效之间的关系受其他因素（行业、环境等）的影响。孙海法等（2006）通过实证数据证实，高管团队的平均任期与企业的短期绩效正相关，而信息行业中高管团队的平均任期与企业的长期绩效负相关，即行业因素调节了高管团队任期与企业绩效之间的关系。Keck（1997）对不同环境下高管团队任期与企业绩效的关系进行了深入的研究，结果表明无论是在变化激烈的环境下还是在稳定的环境中，高管团队的任期都与企业绩效负相关。他认为环境因素未能发挥其调节作用的原因可能在于，研究中所选取的计算机和水泥行业在其研究阶段内都属于竞争激烈的行业，只是具体的变化类型不同。

六、性别

早期关于高层管理者性别的研究侧重于解释企业高层管理者中女性所占比例偏低的原因，其代表性观点主要为以下两种：一是人力资本差异论。Tharenou（1994）认为，与男性相比，女性在教育和工作经验等方面的人力资本储备较少，因此，在现实中表现为女性的工资水平较低和职位提升空间有限。Oakley（2000）也指出，成为高管需要具备特殊的技能和经验，而由男性控制的高管团队却很少会给女性职员提供这样的培训和发展机会。二是性别感知论。性别感知是个体对性别信息形成的一套心理认知和心智模式。通常情况下，男性的性别感知主要用收入“提供者”、“统治”、“独立自主”等词语来描述，而女性的性别感知的用词大多为“家庭主妇”、“养儿育女”、“听从长辈”等（刘绪光和李维安，2010）。显然，这种普遍的性别认知定式容易形成“一想到管理者就想到男性”的性别刻板印象。Schein（1973）的调查证实，人们所认定的管理者特征（如攻击性、竞争力和坚定等）更多地与男性特征一致，男性也更有可能被选择和得到晋升。康宛竹（2008）以 182 名广东省管理类大学生为样本，考察了这些未来管理者的性别角色定式与其所认定的管理者特征之间的关系。研究发现，无论是男性还是女性，对成功的高层管理者特征的认定都与男性特征高度一致。然而，新近的实证研究却对上述观点提出了质疑。Sealy 等（2007）的调查发现，在英国《金融时报》研究的 100 强公司中，女性董事在董事会执行委员会中所占的比例持续提升。虽然女性的主要职位仍为人力资源经理和行政经理，但仍有许多女性已经开始涉足企业的部门经理、首席财务官、首席运营官等职务，同时女性也有了更多晋升到高管职位的途径。Eagly（2007）也认为，在团队领导者的职位上，女性比男性更多地展现出高效的领导才能。

同时，男性高管和女性高管在管理风格上也存在着较大的差异。Helgesen（1995）提出了女性领导风格学说，认为女性高管在管理上更注重沟通、协调、良好的人际关系以及集体的成功，女性的领导方式比男性的领导方式更有效和更具人性化。然而，Gardiner 和 Tiggemann（1999）的研究却发现，男女高管在领导效能上只存在微小的性别差异，女性高管比较关注执行过程中的协调与参与，而男性高管则更注重结果。他们还发现，女性高管可能更愿意采取民主的管理方式，而男性则更赞成专制的管理方式。这个观点在 Boatwright 和 Forrest（2000）的研究中也得到了证实。但是，Epstein（1991）的研究否定了上述结论，认为男女高管在管理风格上不存在显著的性别差异。他们指出，上述调查结果失真的原因在于没有现场观察男性和女性的工作状态。Alvesson 和 Due Billing（1997）在系统分析先前的研究成果后提出，没有充分证据证明男女在领导风格上具有显著的性别差异，且女性的领导风格更符合现代组织特点的观点也缺乏充分的理论依据。

此外，对公司来说，女性担任高管职位既有内部激励作用又有外部象征意义（刘绪光和李维安，2010）。公司的高管团队中如果有女性高管，一方面能得到企业内部女性职员的认同，另一方面又能向外部传达着“友好雇主”的信号，即公司的男女职员具有同样的发展机会（Sealy，2008）。因此，女性高管的存在将强烈地吸引着外部女性求职者，以及留住内部现有女性职员（Bilimoria，2000）。但在这一点上，国内的情况与国外有很大的不同。康宛竹（2007）以 2004 年沪深两市 278 家上市公司为样本，分析了女性高管在中国上市公司高管团队中的任职比例及状况。结果表明，在中国上市公司的高管团队中，女性高管所占的比例偏低，仅为 13.52%，且没有改变副职多、正职少的传统状况。

第四节　高管团队异质性特征与作用机制

在对 TMT 背景特征进行内容分析的基础上，学者们进一步考察了 TMT 背景特征的异质性问题。TMT 的异质性（Heterogeneity）是指，高管团队成员在人口统计学特征以及重要的认知观念、价值观和经验等方面的差异程度（Finkelstein & Hambrick，1996）。对企业高管团队而言，高层管理者在人口特征方面的差异程度被认为是反映了企业管理资源的安排，且将影响到企业的战略结果。例如，高管团队成员特征的相似或差异程度可以通过影响企业决策过程而作用于企业绩效（Hambrick，Cho & Chen，1996）。因此，高管团队背景特征的异质性对整个团队的内部沟通、凝聚力以及企业决策的效率和质量将产生重大影响。

一、高管团队背景特征异质性研究的理论支柱

在 TMT 背景特征的异质性研究中，学者们利用不同学科领域的理论来

解释团队异质性效应，其中社会类化理论（Social Categorization Theory）和信息决策理论（Information and Decision-Making Theory）起到了重要的主导作用。目前，这两大理论几乎成为了绝大部分团队异质性研究的理论支柱。

社会类化理论源于社会心理学的范畴。该理论认为，社会身份和群体类别是个体自我概念的重要组成部分。个体倾向于通过各种分类来简化对自我的认知，以及利用属性的差别来区分自己和他人（Williams 和 O'Reilly Ⅲ，1998）。显性的人口统计学变量（如年龄、性别、种族等）常被个体用来作为自我分类的标准（Pelled，1996）。当人们选择了以某种资格或标准进入社会类别并建立自己的社会身份时，他们会把自己看成是类别中的一员，并对所属的群体产生社会认同（Hogg 和 Terry，2000）。通常情况下，人们总是依据社会身份或群体类别而开展社会交往或行动，并通过群际比较来获得或维持积极的社会认同，从而提升自尊。如果社会认同的需求得不到满足，人们将选择离开群体或者寻求其他能够达到积极社会认同的途径（Tajfel，1981）。值得注意的是，社会认同也将导致群体内部产生“内群体（Intergroup）”和“外群体（Outergroup）”的不同感知。Williams 和 O'Reilly Ⅲ（1998）的研究证实，人口统计学特征的异质性将导致个体对自身社会身份的认知差异，并将团队细分为各个不同的“小群体”。而个体也会遵循“正面自我认同”的原则，赋予自己所属群体更多的偏爱和好感，排斥或歧视其他群体（Tajfel，1985）。这种对外群体的刻板印象和偏见也将导致群体间的不信任或冲突（Loden，1991）。

实际上，相似吸引理论（Similarity-Attraction Theory）的研究成果常被看成是对社会类化理论的有力佐证（韩立丰等，2010）。相似吸引理论的基本观点为“相似的个体更能够相互吸引”（Byrne，1971）。人们更容易被与自己相似的个体所吸引，更愿意接近和信任他们，其深层原因是，在与那些和自己的思想、观点或外貌相似的个体的互动过程中，人们将强化对自身的积极评价，同时收获着美好的情感体验，以及产生良好的同化效应。而在异质化的群体中，当人们与自己不相似的个体进行交往和互动时，刻板印象容易被自动激活，群体成员有时需要故意地去抑制这种刻板印象，因而产生了不适感（韩立丰等，2010）。因此，那些被“污名化”（Stigmatized）的群体，更容易表现出诸如沮丧、焦虑等负面情感（Major & O'Brien，2005）。

信息决策理论认为，战略决策的基础是信息。异质化程度高的团队拥有更多的资源和信息，可以弥补个体知识和信息的局限，从而为决策提供丰富的依据。Amason 和 Sapienza（1997）、Williams 和 O'Reilly Ⅲ（1998）以及 Simons 等（1999）的研究都指出，团队成员背景特征的异质性会为团队决策带来不同的观点和认知，使高管团队能够从更广阔、更开放的视角去审视和分析企业面临的问题，促使团队内部对各项方案进行更充分的比较和全面的评估，从而提高决策的质量。决策过程中出现的多元化视角甚至是分歧意见都可能成为有价值的资源。团队成员可以围绕这些分歧和冲突展开积极的讨论，并利用反思式沟通来促进组织学习，从而避免群体盲思（Groupthink）现象的发生。

从社会类化理论的视角来看，团队中的过程损失和内耗皆来源于不同群体间的认知偏见和负性情绪。内、外群体的分割和对立不仅造成了群体外成员的消极主观感受，更重要的是损害了组织绩效。而从信息决策的视角来看，团队成员构成的异质性扩充了团队的认知资源集合，并由此带来更丰富而多元化的观点和视角，能够帮助团队作出高质量和富有创造力的决策。如果说社会类化视角强调了异质性对团队内部凝聚力的负面影响，那么信息决策视角则突出了异质性对决策质量、组织绩效及创新的有利一面（韩立丰等，2010）。总之，无论是社会类化理论抑或是信息决策理论，他们在解释团队异质性问题上的尴尬状态，使得整合这两大理论体系成为了团队异质性研究中的关键。

二、团队异质性的分类

团队异质性效应的不确定性，也导致了学界对异质性分类的诸多争议，并逐渐形成以下几种具有代表性的观点，研究者们希望借助类别区分来廓清模棱两可的异质性效应。

第一种观点，根据外显程度，将团队异质性分为外显变量和内隐变量。Jackson 等（1991）的研究认为，团队的异质性可分为易观察特质（Readily-detectable）与深层特质异质性（Underlying Diversity）。易观察的特质，主要包括年龄、性别和种族等，可在一定程度上替代个体的价值观、信念和态度等深层特征；而深层特质异质性，则是指团队成员在个性、态度和价值观等方面的相异性。Maznevski（1994）将团队异质性划分为相关角色（Role-related）的异质性与内在固有特质的异质性。相关角色，主要是指职业、组织中的职务，专业知识与技能以及家庭角色。个体可以身兼不同的角色，或是在职业生涯发展中变换角色，这些角色的属性分类是显而易见的，也可以得到普遍的接受。内在固有特质，则是指年龄、性别、国籍、文化价值、信息处理方式、人格特质等，这些属性所产生的效果不易被发觉或接受。他同时指出，相关角色异质性与内在固有特质的异质性之间具有相关性。年龄、人格特质及信息处理方式相似的个体，通常会倾向于选择近似的职业或组织职务，因此，在角色异质性方面具有类似性。

Milliken 和 Martins（1996）在整理 1989—1994 年排名前 13 名的管理研究期刊中所刊登的有关团队异质性的文章后提出，应将团队异质性用两大类 14 个指标来描述。一类是易观察的（Observable）的异质特征，包括种族、国籍、年龄、性别 4 个指标；另一类是不易观察的（Lessvisible）的异质特征，分为技术与知识的异质、任期异质、价值观异质。其中，技术与知识的异质，包括教育背景、职务背景、职业背景、产业经验及组织成员地位 5 个指标；任期异质，包括组织任期、团队任期 2 个指标；价值观异质，包括人格、文化价值观、社会经济背景 3 个指标。Milliken 和 Martins 的研究得到了学界的广泛认同，但他们的研究成果只显示了团队异质性对团队运作过程的重要影响，以及其对团队成员的主观感受造成的负面效应，而对于团队效能（尤其是绩效）的作用机制仍不很明朗。

第二种观点，按照与工作的关联程度进行分类。Jackson 等（1991）提出，团队的异质性可分为关系导向型（Relations-oriented）和任务相关型（Task-related）。关系导向型异质性是指，团队成员在年龄、性别、种族等人口统计学变量上的差异水平，通常影响着团队内部人际关系的形成，但不直接对绩效产生影响。而任务相关型异质性，主要反映的是团队成员在工作中所需的知识和技能以及与能力相关的特征（如工作年限、教育等）的相异性，通常会对工作绩效产生影响。Pelled 等（1999）根据团队成员特征与工作任务的相关性，将团队构成变量分为低工作相关的特质和高工作相关的特质。前者是指与所要完成的团队任务有较低相关性的特征，如性别、年龄等，这些特征更多的是与团队的社会关系而非客观的任务目标相关；后者是指与所要完成的任务有直接关系的特征，如教育水平、任职年限等，这些特征对工作绩效有较大影响，并在更大程度上反映了团队成员之间经验和观点的差异（Jackson 等，2003）。但是这种分类方式也没有得到清晰的异质性研究结论。因为既有研究表明，高工作关联的异质性会降低组织绩效（Bunderson 和 Sutcliffe，2002），同时又有研究发现，低工作关联的异质性会提高团队的决策水平（McLeod 等，1996）。Webber 和 Donahue（2001）的一项元分析研究显示，即使将团队异质性区分为高工作关联和低工作关联，仍然无法得到异质性效应对组织绩效和团队凝聚力影响关系的一致性结论。

第三种观点，以异质性特征之间的相互关系来划分异质性类型。例如，Jehn 等（1999）将团队异质性划分为信息异质性（Informational Diversity）、社会属性异质性（Social Category Diversity）以及价值观异质性（Value Diversity）。信息异质性是指团队成员的知识基础与观点的相异程度，如教育背景、经验、专业知识等；社会属性异质性是指团队成员在人口统计学特征上的相异性，如种族、性别、民族等；价值观异质性是指团队成员对团队目标、任务的不同看法和观点。Kilduff（2000）还将异质性构成变量分为前因变量（如年龄、任期、教育、文化等）和自变量（如认知异质性等）。

三、团队异质性研究的相关成果

众多研究一致表明，团队的异质性与团队运作过程、企业战略决策、企业创新和绩效等组织结果之间存在显著的相关关系，并由此派生出不同的观点和结论。

有学者认为，高管团队的异质性与组织结果之间存在正相关关系。异质性能够为团队带来各种不同的观点、认知及经验资源，从而提高企业的创新能力、决策质量及绩效。此外，高管团队成员工作背景、经验、能力的异质性可增加团队信息来源的多元性以及对信息的解读能力，提高 TMT 的决策质量，从而促进企业的发展（Cox 等，1991；McLeod 等，1996）。Bantel 和 Jackson（1989）研究发现，在金融及工业企业中，TMT 的异质性启动了企业创新和变革。Eisenhardt 和 Schoonhoven（1990）也指出，团队异质性对新公司的成功创立有重大贡献。Jackson 等（1991）总结了异质性与团队效能之间的关系，认为异质性促进了团队的创新性和决策的有效性，并把异质性定义为个性、性别、态度、背景和经验等因素的混合物。Ferrier（2001）指出，具有异质性特点的团队倾向于在复杂和短期的情况下首先采用进攻型战略，而这些由异质性团队发起的回击和后来的市场占有率之间存在一定的相关性，企业战略的复杂程度也将随着团队异质性程度的增加而提高。

然而，也有学者对此持反对意见，认为团队异质性与组织结果之间呈负相关关系。异质性阻碍着团队成员的沟通和交流，削弱了团队的凝聚力和创新能力，并阻碍着团队的发展。Michel 和 Hambrick（1992）提出，异质性可能导致团队成员对决策的不同理解，从而降低了高管团队在决策过程中产生统一假设前提的可能性。Murray（1989）认为，在非动荡的环境中高管团队的异质性将导致团队缺乏内聚力以及对企业绩效产生负面影响，其原因在于团队的异质性程度越高，团队成员对团队目标和价值观越缺乏承诺和认同。张小林、王重鸣（1997）的研究也发现，团队成员之间的差异性会有碍沟通，同时也会对团队凝聚力产生负作用，并有可能增加团队内的冲突和政治活动，进而降低组织绩效。Smith 等（1994）的研究也表明，团队背景特征的异质性与团队内非正式沟通水平负相关，异质性团队需要更高的协调与监控。在高管团队研究方面，Hambrick 等（1996）的研究表明，异质性延缓了高管团队的执行力，异质程度较高的高管团队在行动和反应速度上都较同质性团队迟钝，而且对于竞争对手的主动进攻也较少作出回应。Priem（1990）则认为，当 TMT 成员提供的不同思路聚成一致观点并产生创造性的决策时，这种异质性将有益于团队；但是，当异质性阻碍沟通和破坏团队凝聚力时，这种异质性将变得有害。Carpenter 和 Fredrickson（2001）在总结相关研究后也指出，高管团队中度水平的异质性有助于团队的发展，而过度的异质性将会导致团队成员之间的冲突和对立。

鉴于团队异质性的实证研究始终无法得出统一结论（Lawrence，1997）的现状，学者们开始将情境因素引入到团队的异质性研究中，以帮助理解团队异质性的作用机理及“双刃剑效应”（Bunderson & Sutcliffe，2002）。Keck（1997）对混凝土与电脑行业的调查样本进行考察，结果发现在电脑行业，任期短、异质性高的团队在变化激烈的市场环境中具有更高的工作效率。而在混凝土行业中，任期长、异质性低的高管团队则最为有效。这可能表明企业外部环境的不确定性是一个重要的权变因素，且高管团队的人口统计学特征有可能影响企业防范行业风险与环境风险的能力。Carpenter（2002）的研究发现，企业经营环境的复杂程度调节了 TMT 异质性和企业绩效之间的关系。在复杂程度中等和较低的经营环境下，TMT 异质性与企业绩效正相关；而在复杂程度高的经营环境中，TMT 异质性与企业绩效负相关。Hambrick 等（1996）研究结果也显示，竞争激烈的美国航空运输业中，TMT 异质性越高，企业绩效越好。

在以往的团队异质性研究中，学者们把更多的关注投向于显性的非工作性的性别、年龄等和隐性的工作性的任期、教育、认知、经验等的异质性研究上，并主要从年龄、教育程度、专业背景、职能背景、任期、性别等方面深入细致地刻画团队异质性对企业创新与绩效的影响。然而研究中也发现，团队异质性既能产生正面的效应，但同时也会施加负面的影响（Milliken & Martins，1996），团队异质性的效应并没能被清晰地描述。因此，如何更好地理解并利用异质性成为摆在研究者和管理者面前的一项紧迫课题。

1. 年龄的异质性

在已有研究中，年龄异质性与组织结果之间的关系可以根据社会类化理论及信息决策理论来加以解释（刘嘉和许燕，2010）。

根据社会类化理论的观点，团队成员年龄的差异性越大，就越容易在团队内部构建出不同的“小群体”。个体会依据自己的群体身份而行动，并在群际比较时给予自己所属的群体更积极的评价，即表现出所谓的“内群体偏爱”（Tajfel 和 Turner，1985）。从这个角度来看，年龄的异质性对组织的发展有负作用，如降低团队内部的沟通与合作、增加团队成员之间的冲突、导致人员更替频繁等（Moreland，1985；Stephan，et al.，1985；Crocker & Major，1989；Triandis，1994）。这一结论得到了许多实证研究的支持（O'Reilly Ⅲ，et al.，1989a；Zenger & Lawrence，1989；Riordan & Shore，1997）。例如，Zenger 和 Lawrence（1989）的研究表明，技术团队的年龄异质性与团队内部成员的技术沟通频率负相关。Jehn 等（1997）的研究也显示，显性的人口统计特征（如年龄、性别等）的差异性增加了团队成员之间的情感冲突。而上述研究结论在对企业高管团队的研究中也得到了验证。有研究表明，高管团队成员的年龄异质性越高，人员的更替就越频繁（Bantel & Jackson，1989；Jackson，et al.，1991；Wiersema & Bird，1993；O'Reilly Ⅲ & Flatt，1989b）。年龄的异质性负向影响着团队人员的留任，进而对企业绩效造成消极影响（Tsui，Egan & O'Reilly Ⅲ，1992；Cummings，Zhou & Oldman，1993）。其原因在于，处于同一年龄段的高层管理者一般拥有相似的经历和相近的价值观与信仰，对企业战略也有着相似的理解和看法，因而更容易在决策时达成一致意见。同时，年龄相近的团队更易产生人际吸引，团队成员之间的关系更融洽、合作更顺利，这都将大大提高团队成员留任的概率。在竞争加剧以及日益复杂的外部经营环境下，高层管理团队的年龄差异越大，就越难快速形成一致的决策，从而导致较高的决策成本。肖久灵（2006）指出，年龄的差异性将造成团队成员之间的沟通和交流的困难以及情感性冲突升级，从而影响团队效能。

然而，也有学者从信息决策理论的研究思路出发，得出了高管团队年龄的异质性能够正向影响团队决策水平和企业绩效的结论（Milliken & Martins，1996；Jehn，1997）。团队成员年龄的异质性，使得团队中既有经验丰富的长者，又有闯劲十足的年轻人，这将为团队带来更多样化的认知及信息来源，有利于团队以不同的视角和观点来处理问题，团队决策的质量得到大大提高（McLeod，Lobel & Cox，1996；Cox，1994；Nemeth，1992）。Waldman 和 Avolio（1986）所作的元分析发现，团队成员年龄的差异性与工作绩效之间存在正相关关系，而且这种正相关关系在专业人士（Professionals）的身上体现得更为显著。高管团队应该根据企业的具体情况合理优化团队成员的年龄结构，以提高团队效能（焦长勇和项保华，2003）。Pelz（1956）发现，经常与受过不同训练和具有不同经验的同事交流，能提高科学家或工程师们的工作效率。

有学者在整合这两大理论体系的基础上，提出团队的年龄异质性与企业绩效之间存在二次曲线关系，即当年龄的异质性程度较低时，团队内部情感冲突不激烈，年龄差异对企业绩效的损害不大，同时团队创新性也不高；而当年龄异质性程度达到一定水平时，异质性带来的高质量、创新性的决策将会提高企业绩效，这时信息决策理论对团队异质性的预测作用将得以发挥（Mitroff，1982；Schweiger，Sandberg & Ragan，1986；Schweiger，Sandberg & Rechner，1989）；但当年龄的异质性程度超过一定限度时，认知冲突的积极作用逐渐消失，社会类化过程将导致日益加深的刻板印象和歧视，团队凝聚力下降、沟通减少和冲突加剧，企业绩效将受到严重损害（O'Reilly Ⅲ，Caldwell & Barnett，1989a；Pelled，1996；Tsui & O'Reilly Ⅲ，1989）。Richard 和 Shelor（2002）的研究发现，高管团队的年龄异质性与资产回报率（ROA）负相关，这一研究结果支持了社会类化理论；而年龄的异质性与销售增长正相关，则又支持了信息决策理论。他们还同时发现，年龄的异质性与销售增长率呈曲线关系，在高管团队的年龄异质性程度较低和中等时，年龄的异质性与企业绩效之间存在负相关关系；而当年龄异质性程度很高时，年龄的异质性与企业绩效正相关。他们的研究表明，对于 TMT 年龄异质性的研究，学者们关注的理论如果不一致，得出的研究结论自然也会不相同。

2. 受教育程度的异质性

在实证研究方面，受教育程度的异质性主要用高管团队成员的学历水平来衡量。而在理论研究方面，学界却存在着相当大的分歧。

一些研究认为，高管团队成员在教育程度上的差异将影响其思考问题的方式以及工作方式，因而会影响团队成员之间的相互沟通和理解，导致团队内部产生分歧和冲突，进而降低团队的工作效率和决策效率。Knight 等（1999）认为，团队成员的教育程度相差越大，就越容易在战略制定程序、战略目标、战略计划上产生分歧和冲突。然而，另一些研究却认为，教育程度的异质性能够增加高管团队的信息来源，使得团队能够多角度、多层次地解构信息，激发团队成员之间的交流和讨论，从中发现彼此新的观点，弥补自身的不足，从而提高企业战略的决策质量和执行效果。Smith 等（1994）指出，教育程度的异质性能够为团队决策提供多元化的信息以及对现象更深层次的理解，从而提高了企业战略决策的质量及绩效。他们同时发现，TMT 教育程度的异质性能够对企业的投资回报率与销售增长率产生直接而积极的作用。此外，还有研究认为，团队成员之间的相互讨论，使得他们在遇到新观点、新信息时，会重新审视他们的观点和思考是否遗漏了某些关键的影响因素，从而实现团队成员之间观念的交流、融合（Simons，1999）。因此，团队内部的适度讨论将强化教育程度异质性对企业创新及绩效的积极影响。

3. 专业背景的异质性

TMT 专业背景的异质性主要是指高层管理者在学历专业上的差异，并由此形成他们在认知模式和专业领域方面的不同。

首先，专业背景的异质性使高管团队拥有了更多元化的认知资源、更丰富的专业技能以及不同的观察视角，从而有助于企业形成高质量的战略决策。Bantel 和 Jackson（1989）通过对小型银行的大样本分析后发现，高管团队专业背景的异质性提高了企业的决策质量。Amason 和 Sapienza（1997）也认为，TMT 专业背景的异质性能够帮助团队从不同角度分析问题，从而提升了企业的战略决策水平。同时，专业背景的异质性为高管团队带来的丰富创意和创造力，以及广泛的战略设想，将直接影响着企业多元化战略的选择以及企业创新。因此，高管团队专业的异质程度越高，企业战略的改变也越大（Wiersema & Bantel，1992）。Bantel 和 Jackson（1989）提出，专业背景的异质性使得高管团队有能力开发出更多的创新战略。Tihanyi（2000）结合高管团队成员的学历水平，将 TMT 的专业背景分为10类：文学艺术本科、自然科学本科、工学本科、工商管理本科、法律本科和硕士、科学与艺术硕士、工学硕士、MBA、博士、其他（如职业教育）。他们认为，TMT专业背景的异质程度越高，其专业技能和职业经验就越丰富，也越能够有效控制企业在国际化多元经营中更复杂、不确定性更高的市场竞争风险，因而也更适合带领企业进入新的国际市场。同时，他们的研究也证实，高管团队专业背景的异质性与企业国际化程度正相关。

其次，高管团队专业背景的异质性还深刻影响着团队与外部之间的相互关系。团队成员在组织内部形成的社会网络和关系模式，将通过与团队外部成员的沟通和合作而迁移到团队外的情境中（刘嘉和许燕，2006）。而在异质性较高的高管团队中，团队成员的这种渗透性更强。因此，团队中专业背景的多样性与团队的外部关系正相关（Ancona & Caldwell, 1992）。专业背景的异质性促使高管团队面对外部环境变化和竞争威胁时的更积极的、进取的响应，以及加强对外部环境信息的获取力和识别力，提高了团队对企业战略的理解力和对行动的解释力（Hambrick & Mason, 1984），进而影响着企业绩效。Pelled等（1999）的研究也证实了专业背景的异质性在对团队绩效的关系上表现出显著的正效应。

在对TMT专业背景异质性的情境研究中，国内外学者还把目光聚焦于外部环境、企业战略对专业背景异质性和企业绩效之间关系的调节效应上。Carpenter等（2003）探讨了美国企业在国际多元化战略的影响下TMT异质性与企业绩效的关系，认为由于异质性高的团队拥有更多的资源和信息，更能够对现有战略进行充分的讨论和比较，以加深团队内部对企业战略的理解，同时也能够在更大范围内产生可供选择的战略方案，因此，专业背景的异质性在复杂程度高的环境中对于企业绩效的作用更大。他们的研究还以企业国际化程度来预测企业外部环境的复杂程度，结果表明，在国际化程度高的企业中，TMT专业背景的异质性与企业绩效的正相关性更显著。欧阳慧等（2003）研究了国际化竞争环境中TMT异质性对企业绩效的影响，发现专业背景的异质性与企业绩效之间存在着一定的正相关关系，并在一定范围内随着企业国际化水平的提高而日益强劲。然而，Bunderson和Sutcliffe（2002）的研究却指出，TMT专业背景的异质性是一把“双刃剑”，它对于某些过程变量或绩效变量的作用会因为所处情境的不同而产生不同效应。

4. 职能背景的异质性

首先，高层管理者在不同行业、不同企业或同一企业不同职能部门的工作经历，决定了高层管理者在决策中独特的知识结构、认知模式及工作取向（Hambrick & Mason，1984）。Dearborn 和 Simon（1958）指出，具有不同职能背景的高层管理者在面对同一问题时，总是习惯于先考虑自己部门的行动方案和目标，且与具有相似职能背景的高层管理者观念相近。有学者认为，高管团队职能背景的异质性，使得团队拥有一批来自不同职能部门、经验丰富的团队成员。这不仅能帮助高层管理团队搜索并获取更多的环境信息，并能够正确识别外部环境，而且也使得团队能够从不同侧面来观察同一事件，从而提高了高管团队对企业战略的解释能力和信息处理水平（Weick，1987）。但也有研究指出，职能背景多元化的高管团队更有可能产生冲突和争议。在激烈、复杂的市场竞争中，有效协调这些意见和问题需要耗费企业大量的时间和精力，并且常常导致较高的决策成本。成本之一是需要培养高层管理者之间的相互信任（Tyson，2003）；成本之二是高层管理者职能背景的异质性会增加团队内部冲突、激化矛盾（Blau，1977），导致决策进度减慢，会议次数增多（刘绪光和李维安，2010）。然而，Shank 等（1988）的研究发现，高层管理团队对外部环境的理解力受到团队成员职能背景异质性的影响，且两者之间呈现二次曲线关系，即过高的职能背景异质性将阻碍团队成员之间的沟通和交流（Sutcliffe，1994），弱化了团队对于外部机会的识别能力；而过低的职能背景异质性则会使团队思维趋同，对出现的问题和机会不敏感（刘军等，2007），因而无法准确地理解和掌控外部环境的变化。

其次，有研究显示，TMT 职能背景的异质性影响了企业战略共识的形成。战略共识（Strategic Consensus）是指高管团队成员对企业战略的理解程度、认同程度和执行意愿，是影响企业战略执行力和战略绩效的重要因素（刘绪光和李维安，2010）。如果 TMT 成员对企业战略的基本内容和目标不甚了解，或者未能就战略实施手段达成一致，那么将会导致他们对企业战略的不认同或缺乏执行热情，出现战略实施过程中的“执行缺口”（Floyd 和 Wooldridge，1992），从而难以实现既定的企业战略和绩效。Priem（1990）、Iaquinto 和 Fredrickson（1997）都认为，高管团队职能背景的异质性程度越低，企业战略共识的达成度就越高，这可能是遵循了“物以类聚、人以群分”的原则。高管团队成员职能背景彼此相似，有利于减少人际冲突，增强团队成员对企业战略的认同程度以及团队内部的凝聚力，从而建立并提升了团队整体的战略共识。Knight 等（1999）的研究也反向验证了上述观点，认为 TMT 职能背景的异质性越高，团队内部的人际冲突越大，团队的战略共识度也越低。Michie 等（2002）也认为，高层管理团队对企业战略目标的认同在 TMT 职能背景异质性与团队成员之间的密切协作及企业决策质量的关系中发挥着重要的调节作用，当 TMT 对企业战略目标的认同度较高时，职能背景的异质性与团队内部协作及企业决策质量正相关。

此外，职能背景的异质性也深刻影响着企业的战略选择和战略行为。Govindarajan（1989）的研究发现，高层管理者的职能背景与企业实施成功的战略类型相关，且具有研发背景的高层管理者倾向于制定创新型战略来提高企业的经营绩效。Bantel 和 Jackson（1989）也指出，高管团队职能背景的异质性与企业战略创新正相关。随着 TMT 国际化经验的日益丰富，高管团队的全球化思维也将逐渐形成，并将通过制定完善的国际多元化战略尝试整合各地区业务（Perlmutter，1959）。Sambharya（1996）对美国 56 家跨国公司的调查显示，TMT 成员国外工作经验的异质性与企业国际多元化程度正相关。然而，Carpenter 和 Fredrickson（2001）的经验研究却得出了与 Sambharya（1996）不一致的研究结果。他们认为，高管团队职能背景的异质程度越高，企业就越少采用国际化的扩张战略。Hambrick 等（1996）的研究也发现，TMT 职能背景的异质性与企业进攻型竞争行动的显著性、执行速度、范围等正相关；而与企业回应型竞争行动的关系复杂，即高管团队职能背景的异质性在与企业回应行动的显著性、范围的关系上表现出正相关性，而在与偏好、制定速度、执行速度上表现出负相关性。

还有文献对 TMT 职能背景的异质性与企业绩效之间的关系进行了深入探讨。研究者们普遍认为，TMT 职能背景的异质性使得高管团队拥有一批职业经验丰富的团队成员，也因此能够获得更多的外部环境信息。职能背景异质性高的高管团队能够更准确地解读战略事件，并对企业面临的问题形成清晰的认识，这将有利于改善企业决策质量、提高企业绩效。Hambrick 等（1996）的研究结果表明，高管团队职能背景的异质性在提高企业市场占有率和利润方面都发挥了积极影响。Krishnan 等（1997）也发现，高管团队职能背景的差异对于相关并购和无关并购后的企业绩效都有积极的影响。但是，如果 TMT 职能背景的差异过大，而团队内部又缺乏配套的协调和正式沟通机制时，高管团队成员之间的情感冲突将加剧，决策质量反而会下降。肖久灵（2006）的研究证实，高管团队在职能背景上的多样性使得团队成员之间的非正式交流减少，对企业投资回报率和整个企业绩效将产生负效应。张平（2006）对我国上市公司TMT特征的实证分析也表明，中国企业高管团队职业经验的异质性与企业绩效负相关。

鉴于相关实证结果的不一致性，近年来有学者尝试在TMT职能背景的异质性与企业绩效的关系研究中引入某些情境变量（如外部环境、国家文化、企业国际化程度等），力图廓清不同情境下职能背景异质性对企业绩效的作用机理。Carpenter等（2003）的研究指出，企业经营环境的动态性和国际多元化战略在TMT职能背景的异质性与企业绩效之间的关系中起到了重要的调节作用。他们发现，企业所处的经营环境越是趋于动态、国际化程度越高，TMT职能背景的异质性与企业绩效之间的正相关关系就越显著；而经营环境稳定、国际化程度较低的企业，TMT职能背景的异质性与企业绩效之间呈现负相关关系，且这种关系在TMT任期较短的企业中体现得更为明显。Mayer和Whittington（2003）的研究也证实，在英国，高层管理者的财务背景被认为是领导力的重要特征；而在欧洲，高层管理者的全面企业管理背景则显得更为重要。欧阳慧等（2003）的研究也发现，TMT职能背景的异质性与企业绩效之间的正相关关系随着企业国际化水平的提高而日益显著。

5. 任期的异质性

高管团队的任期，主要是指高层管理者进入高管团队工作的时间（Wiersema & Bantel，1992；Wiersema & Bird，1993；Mooney & Sonnenfeld，2001）。由于高管团队成员进入团队的时间不同，经历企业的发展阶段和事件各异，造成了他们对企业的外部环境、战略的不同解读（Katz，1982）。同时，任期的长短也影响着高管团队内部交流的性质和深入程度（Zenger & Lawrence，1989），以及团队成员间的互动模式（Pfeffer，1983）。相似的团队任期表明，团队成员经历了同样的企业发展阶段，对于企业现状和战略具有近似的理解，也熟悉彼此表达意见的方式，因此，更易于沟通和协作，并在决策时达成一致意见，从而提高了团队的凝聚力和企业绩效（March & Simon，1958；Lawrence & Lorsch，1967；Allen & Cohen，1969；Staw & Ross，1980；Schmidt & Posner，1983）。O'Reilly等（1989a）的研究表明，团队成员任期的异质性越低，团队成员对企业的忠诚度就越高，成员更换的比例也越小。然而，尽管具有相似任期的高管团队具有共同的认知结构和较高的社会整合程度，团队成员彼此之间的沟通更畅通、冲突也越少，但这同时也意味着团队缺乏多样性的观点和创新精神，习惯于按惯例办事，当然也就不可避免地缺乏抵御特殊风险的能力（Priem，1990；Priem 等，1999）。

随着企业参与国际竞争的机会增多，企业的国际化阶段也在不断地发展和演进（Perlmutter，1969）。由不同任期成员组成的高管团队，能够以其团队成员丰富的社会经历和企业实践经验为基础形成多样化观点（Smith 等，1994），这将有利于高管团队在复杂的市场环境下形成正确的决策。因此，任期异质程度高的高管团队能够有效地控制企业在国际化经营过程中的不确定性和竞争风险，也更愿意推进企业的国际化进程。Athanassiou 和 Nigh（1999）的研究显示，不同任期的团队成员能为企业开拓国际市场提供多种选择方案，因此，企业的国际化战略决策水平更高。Tihanyi 等（2000）的研究也表明，高管团队任期的异质性与企业的国际多元化程度正相关。然而，Carpenter（2002）却认为，在国际化经营的企业中，TMT 任期的异质性与企业绩效之间的关系要视企业的国际化程度而定。当企业国际化程度较低时，TMT 任期的异质性与企业绩效正相关；而在国际化程度较高的企业中，TMT 任期的异质性与企业绩效负相关。

在战略决策方面，任期异质性高的高管团队具有多维的信息获取途径以及对信息的多层解释，能够正确甄别和使用外部环境信息，因此，更容易产生多种战略实施方案以及进行全方位的评估，从而提高了决策的质量、促进了企业的发展（Dutton & Duncan，1987）。此外，高管团队任期的异质性也增加了团队成员变革和被变革的意愿，有利于打破旧的战略思维和管理模式。Boeker（1997）的研究表明，高管团队的任期异质性越高，企业战略改变的程度越大。Srivastava 和 Lee（2005）的研究发现，TMT 任期的异质程度越高，新产品流动的安排越早、流动时间越快，企业成为领导者而非模仿者的可能性就越高。其原因在于，新产品安排越早、流动越快的企业更具有创新性和冒险精神。Greening 和 Johnson（1997）的研究显示，高管团队任期的异质性与企业危机程度之间呈“U”型关系，TMT 任期的异质性显著提高了企业防范风险、应对危机的能力。但在复杂的市场条件下，TMT 任期的高异质性造成了团队成员对企业战略的不同观点和看法，难以在较短时间内形成一致的决策，这些都将导致企业决策成本增高和决策占用时间延长。而且，TMT 任期的高异质性还将导致团队内部冲突加剧、社会整合程度差，团队成员之间不能很好地分享信息和知识，从而降低了团队的工作效率与企业绩效。张平（2006）对我国上市公司特征的实证分析表明，中国企业 TMT 任期异质性与企业绩效负相关。伍剑琴（2005）也认为，TMT 任期的高异质性将影响团队成员彼此之间的交流和沟通，容易引发冲突和导致不团结，以及在团队内部产生小团体现象和权力争斗，最终影响企业绩效。

由于不同的团队任期将会影响高层管理者的认知结构和观念，因此，在不同的情境下任期异质性对企业发展和战略决策的表现和作用效应可能不尽相同。Carpenter 和 Fredrickson（2001）从社会心理学的观点出发对高管团队任期异质性与企业战略决策之间的关系进行了细致研究，结果发现环境因素的不确定性会显著调节这两者之间的关系。在外部环境不确定性低的企业中，TMT 任期的异质性与企业的国际化战略正相关；而在外部环境不确定性高的企业中，TMT 任期的异质性与企业的国际化战略负相关。此外，有研究者发现，高管团队任期的异质性受到企业多元化战略的反向作用。Michel 和 Hambrick（1992）的研究表明，企业多元化战略决定了企业业务单元之间的整合力度，同时也影响了理想的高管团队结构。因此，采取相关多元化战略的企业，其 TMT 任期异质性要低于采取不相关多元化战略的企业。

6. 性别的异质性

性别异质性，是指高层管理团队中的男女比例。早期关于性别异质性的研究证明了 TMT 性别异质性与企业绩效之间的相关关系。研究表明，越来越多的企业愿意投入大量的资源去改善高管团队中性别异质性的构成，以提升性别异质性对企业绩效潜在的积极影响（Carter，Simkins & Simpson，2003；Catalyst，2004；Bell，2005）。Carter 等（2003）在对《财富》1 000 强样本数据的实证研究中发现，女性高管的比例与股东价值之间存在着显著的正相关关系，且在控制了规模、行业及其他治理变量后两者关系依然显著。Catalyst（2004）则运用公开样本数据，考察了 1996—2000 年美国上市公司财务绩效与女性高管比例之间的相关性。结果表明，在控制了行业与公司变量的差异后，性别异质性与财务绩效之间仍具有一定的相关性，女性高管比例最高的 88 家公司的资产收益率和股票收益显著高于女性高管比例最低的 89 家公司。值得一提的是，上述研究成果并未能证实 TMT 性别异质性与企业绩效之间的因果关系。因为企业的绩效表现受到诸多因素的综合影响，而并非单一因素作用的结果。在没有有效地控制公司其他差异变量的情况下，不同公司 TMT 性别异质性对绩效的作用效应可能会不一致，有时甚至会由于出现相互抵消的现象而导致无法观测到实际的作用结果。也有学者对女性高管比例与企业绩效之间正相关性的研究结果表示异议。Shrader 和 Blackburn（1997）以《财富》500 强中的 200 家公司为样本展开了相关实证研究，结果发现，女性高管的比例与通过财务指标测度的公司绩效负相关。而 Smith 等（2006）利用 1993—2001 年间 2 500 家丹麦公司的样本数据，检验女性高管比例与公司绩效的关系。结果显示，女性高管的比例对公司绩效的影响呈现从无到有，最后才显示为正相关性的特征。同时，他们的研究也发现了关系背景对性别异质性和企业绩效之间关系的调节效应。具有员工选举背景的女性高管对公司绩效的影响更显著，而具有家族裙带关系背景的女性高管对公司绩效则有消极影响。Rose（2007）实证分析了 1998—2001 年丹麦上市公司的截面数据，但没有得出女性高管比例与公司绩效有相关性的研究结果。综上所述，已有研究并不总是能够发现性别异质性与企业绩效之间的显著相关性，可能的解释主要有以下三点：其一，现有研究大部分使用的是美国大公司样本，这些研究或许得到了某些重要的结论，但事实上美国公司的高管几乎比其他国家的高管更具异质性（Hambrick，2007），因此，样本选择的局限性导致了研究结论的冲突。其二，女性担任公司高管职位有时候只表明某种象征意义，即改变低层女性员工对晋升机会的感知（Ely，1994），女性高管的优势并未得到充分发挥。第三，一些重要的无关因子没有得到很好的控制，因而导致性别异质性与企业绩效之间的因果关系不明晰。此外，估计方法的差异也是实证结果缺乏一致性的另一个原因（Smith，et al.，2005）。

有研究发现，在某些团队中，性别异质性会正向影响着企业绩效；而在另一些团队中，性别异质性又对企业绩效不产生任何影响（Richard & Shelor，2002）。研究者们猜测，在 TMT 性别异质性与企业绩效之间应该存在某些中介变量或调节变量未被挖掘。因此，关于性别异质性的情境研究日益成为各国学者研究的焦点，并主要形成以下两种主要观点：

第一种观点认为，高层管理团队的性别异质性主要通过激励机制，进而间接影响企业绩效。Bell（2005）应用标准普尔样本公司的数据研究女性高管对公司其他女性高管薪酬以及薪酬性别差距的影响。结果显示，从 20 世纪 90 年代中期开始男女薪酬的差距正在不断缩小。与男性领导的公司相比，女性担任董事会主席或 CEO 的公司中女性高管的人数更多，且薪酬的性别差距也较小。具体而言，在女性担任董事会主席或 CEO 的公司中，女性高管的薪酬比由男性领导的公司的女性高管薪酬高出 10% ~20%，且女性高管的薪酬位列公司收入前五位的可能性也高出 3% ~18%。这说明，女性担任董事会主席或CEO与本公司女性高管福利水平的改善正相关。Adams和Ferreira（2008）基于1998年度1 024家美国公司的高管数据来剖析高管薪酬结构与女性高管比例之间的关系。结果显示，性别异质性高的高管团队更倾向于设计绩效导向的薪酬契约，以及通过降低固定薪金在薪酬契约中的比重而保持股权的相对稳定，同时女性高管比例较高的公司将更愿意给高管提供更多的股权。在此基础上，Adams和Ferreira（2009）进一步基于标准普尔公司1996—2003年的非平衡面板数据，考察女性高管对总经理离职的绩效敏感度。在控制了固定效应和时间趋势后，他们发现在女性高管比例较高的公司中，总经理离职对公司股票绩效的影响效应更为敏感。此外，高管团队的性别异质结构能够在一定程度上体现出公司对女性职员利益的重视程度，有助于激发女性员工的工作热情，以及提升女性员工对企业的忠诚度（Burgess & Tharenou，2002）。此外，由于公司中下层级的女性职员比较关注女性高管的行为举动并加以效仿，且女性高管往往也很在意自身的榜样角色，因此，女性高管在公司中的表现也更为出色，这都将促进企业绩效的提升。Singh（2008）在对219名女性高级职员的调查中发现，69%的人认为如果公司高管团队中有女性，她们对未来事业的预期会更乐观。

第二种观点认为，高管团队的性别异质性通过形成民主、有效的决策氛围，从而影响着企业绩效。Bilimoria（2000）的研究表明，女性高管的存在使得高管团队的决策方式变得更加民主，同时也更加重视讨论中的不同观点和意见。Huse（2008）的研究也表明，女性高管确实会使高管团队的决策气氛变得轻松，女性异于男性的成长背景和思维方式将对高管团队的运作模式产生积极影响，进而正向作用于团队的决策过程。然而，也有学者对此持不同意见。他们认为，性别的多元化将使高管团队的决策过程更具冲突和争议。Adams和Ferreira（2008）把高管团队的会议频率作为评价高管团队运作的重要尺度，着重分析了女性高管比例与高管团队开会次数之间的关系。结果表明，女性高管比例与高管团队开会次数正相关，且女性高管较少缺勤。此外，也有学者发现，女性高管个人的背景、经验和能力等特征会正向促进性别异质性对企业绩效的积极影响。Smith等（2006）的研究发现，当女性高管受教育的程度较高时，性别异质性对公司绩效的影响将会更明显，而当女性高管受教育的程度不高时，则影响较小或不显著。此外，出于女性对消费产品的直觉和经验，女性高管往往能够提出新产品的促销方式，以提高企业创新绩效。Daily等（1999）的研究表明，在企业实施市场细分促销策略时，女性对战略决策的介入将显著提高公司界定和设计产品的能力。

第五节　激励问题的提出

管理高效团队的一个基本特征就是具有能够有效整合拥有各种技能的团队成员的能力（Hambrick，1989）。然而，如果不能激发 TMT 成员的 R&D 动力，促使他们为企业共同的创新目标而努力工作，那么企业创新就难以实现。因此，激励机制成为了众多学者研究现代公司治理的核心命题之一。西方多数有关激励机制的研究文献，主要从薪酬激励、股权激励、任期激励等多个方面考察了激励机制对企业绩效的影响。国内学者亦遵循类似的研究思路，逐步探索中国上市公司高管薪酬激励、股权激励等问题。但从本书整理的相关文献上看，现有研究并未就激励机制问题达成一致意见。

一、激励问题的提出

在对激励机制问题的理解上，国内外学者们基于管理学不同的理论视角提出了自己的见解，并且在公司成长理论、管理租金理论、管理权力理论和委托代理理论四个理论体系的研究上取得了丰硕的研究成果。

公司成长理论在对激励机制的解释中主要强调了经理人的“创新”和生产服务在资源组合和价值创造中的核心作用。Schumpeter（1934）认为，创新是企业家的基本职能。企业家出于追逐利润的本能对企业中各生产要素进行重新组合而开展的创新，破坏了市场的均衡状态并创造出高额利润，从而引出众多的模仿者和追随者。而这些模仿者和追随者的出现又导致市场利润被进一步地均分和扩散，市场重新出现新的均衡。因此，企业家是市场均衡“创造性的破坏者”。Penrose（1959）则认为，有效且创新地管理资源是公司价值的重要来源。经理人在长期工作中所形成的经验和知识能够将公司资源转化为新的生产能力和技术力量，从而促进公司的成长。但在一定时期内，经理人的管理能力和技术力量往往又成为公司成长速度的瓶颈，即所谓的“彭罗斯效应”。作为公司成长理论的重要代表性人物，Schumpeter 和 Penrose 都从公司价值创造的角度强调和刻画了经理人在公司成长中的“中心人”地位，但忽略了“中心人”作用的具体实施途径。

管理租金理论强调的是，经理人的才能和技能给公司经济租（包括李嘉图租金和准租金）创造所带来的重大影响（Castanias & Helfat，1991；Castanias & Helfat，1992）。管理租金理论认为，经理人的才能和技能是公司资源的重要组成部分，且始终具有稀缺性，只有与公司其他资源和能力有效结合才能为公司带来经济租和竞争力。经理人的才能和技能主要包括三层含义：一是可在行业或公司间进行转换的普通才能；二是只能在特定行业中发挥作用的行业才能；三是只能在特定公司里发挥作用的公司才能。经理人的这三种才能都能为公司带来李嘉图租金，而行业才能和公司才能还是准租金的重要来源。但是，管理租金理论仅考察了经理人所具备的才能和技能本身及其重要性，而不涉及具体的实践方法和激励方式，因而具有明显的局限性。

管理权力理论重点研究了企业高管特别是 CEO 权力的构成以及其对企业价值创造方面所发挥的作用。实际上，管理权力理论通过对高管权力构成及效应的具化和细化，在一定程度上回答了公司成长理论中高管如何发挥“中心人”作用的问题，同时也论及了管理租金理论中经理人的才能和技能的具体实践方法和激励方式等内容。权力（Power）被视作是一种压制不一致意见、实施个人愿望的能力，而且这种能力能够在企业中长期保持（March，1966）。高管权力的基础来源于其管理工作的性质，体现着高管人员对于企业战略制定的决策力和影响力。Finkelstein（1992）认为，高管团队的中心任务就是处理内外部的不确定性。内部不确定性主要来自董事会和其他高管人员，而外部不确定性则主要来自公司的战略目标和外部的制度环境。鲁倩和贾良定（2009）也用中国 200 家上市公司的实证数据，支持了高管权力对高管团队人口统计学特征与企业战略之间关系的重要调节作用的观点。同时，由于 CEO 是负责企业经营运作的最高行政官员，从某种意义上来说，他是影响企业战略方向的最重要的人物（Lorange，1980；Zajac，1990）。因此，管理权力理论突出了对 CEO 权力的研究和探讨。这一研究方向的确立，对于管理权力理论在中国情境下的经验研究具有重大意义。李瑞（2004）在对中国总经理影响力的研究中指出，中国公司总经理的权力来自其职位本身，在法定条件下不可以被剥夺，具有明显的支配性、强制性、自主性和独占性，这是总经理影响力实现的有效条件。在许多中国公司中，CEO 集部分董事长权力和总经理权力于一身，这使得 CEO 对董事会决策拥有最终的执行权。同时，CEO 在公司管理架构中的核心地位，也决定了 CEO 将直接介入和掌控公司的决策。因此，

CEO 的权力越大，对公司的控制力就越强，在决策过程中所起到的作用和影响力也越大，进而深刻地影响着公司绩效（韩立岩和李慧，2009）。然而，管理权力理论对于管理层权力的过度关注，使得 CEO 权力膨胀以及权责失衡等问题遭到忽视。肖丕楚和张成君（2003）对中国公司治理结构进行细致分析后指出，CEO 权责失衡是 CEO 制度设计和公司治理结构创新不可回避的制度缺陷，其中廉价股权和缺乏相应的制衡机制是导致 CEO 权力膨胀的两个主因，优化公司治理结构必须从削弱 CEO 的权力和要求其承担更多的责任两方面入手。

委托代理理论主要从控股股东和高管层权力相互制衡的角度对激励机制的概念进行界定。Jensen 和 Meckling（1976）分析了企业的投资者和经营者之间的矛盾，指出两者之间是委托和代理的契约关系，并开创性地研究了资本结构安排所引起的代理成本及优化问题。他们认为，由于委托人与代理人之间不可避免地存在着信息不对称、利益不一致和权力不匹配等问题，委托人为保障自己的利益，需要设计出一种符合参与约束（IR）的激励机制才能达到激励相容。即一方面，促使代理人按照委托人的意愿行事，使双方利益最大化；另一方面，避免代理人的机会主义，减少委托人的监督成本。在现代公司治理中，股东可以利用董事会与高管签订代理合同，对高管人员施加影响。通常情况下，董事会受公司股东委托，在代理合同中拟订公司高管人员的薪酬或赋予高管股权，以激发高管人员为公司的高绩效而努力工作。同时，董事会也将对代理合同的执行情况进行监督，如果公司高管人员不按股东的利益行事，将会受到收入减少、解职或声誉受损等惩罚。委托代理理论认为，通过设置董事会以及签订代理合同能够很好地将股东与公司高管的利益紧密结合在一起，以实现对高管人员的有效激励。显然，设置这种委托代理结构和代理方式的主要目的在于，充分发挥代理人的积极性和主动性以及承担企业风险与不确定性的企业家精神（李新春，2006）。在现代公司治理中，如果对公司高管的有效激励无法实现，那么为高管而单独设置的控制机制也就失去了意义。因此，公司治理的焦点必须从减少股东与经理人之间的代理成本转到研究企业如何向高管提供必要的激励上来（Rajan & Zingales，2003）。Mueller 和 Yun（1997）以及 Conyon 和 Peck（1998）都认为，激励机制是一个能兼顾代理人利益与公司利益的制度，同时也是解决公司委托代理问题的关键。

二、高管激励的维度

在公司治理中，激励机制问题一直是理论界和实务界关注的焦点。目前，对企业高管层的激励主要包括以下两类互为补充的机制：一是收益激励，主要包括薪酬激励及股权激励两个方面；二是高管职位晋升激励。研究表明，收益和晋升能够对代理人的努力工作产生强激励作用，同时还可以减少代理人偷懒和“搭便车”行为（Jensen & Meckling，1976）。成功的激励机制应该充分发挥这两种激励方式的作用。因此，在系统回顾和整理国内外文献后，本研究将激励机制划分为薪酬激励、股权激励和晋升激励三个维度。

1. 薪酬激励

在现代公司中，公司股东在聘请公司高管之前与高管人员签订的薪酬激励合约，被认为是一种重要而有效的公司治理制度。首先，薪酬激励合约体现了公司高管与投资者对于利益分享的默契，协调了二者之间的利益关系；其次，薪酬激励合约也在一定程度上降低了高管人员“偷懒”和内部交易等谋求控制权收益的行为（汪昌云和孙艳梅，2010）。在对高管薪酬激励效应的研究上，学者们应主要遵循以下思路：

第一，考察高管薪酬激励对企业绩效的“直接效应”。通常情况下，高管薪酬与企业业绩挂钩，且下一期的薪酬会与当期的经营业绩挂钩（Gunasekargea & Wilkinson，2002）。Holmstrom（1979）指出，薪酬激励机制将高管的现金报酬建立在企业业绩等容易度量的指标基础上，目的是使高管人员能够按照投资者的利益行事，减少企业高管与股东之间的利益冲突。因此，公司股东与企业高管签订的薪酬激励合约会对薪酬高的高管提出更高的业绩要求，为达到相应的业绩要求，薪酬高的高管可能会比薪酬低的高管付出更多的努力。同时，薪酬高的高管为保证自己在下一期的合约签订中处于有利的谈判地位，提高自己的议价能力，就需要比薪酬低的高管付出更大的努力。因此，国内外的大部分研究表明，高管薪酬与企业绩效之间存在着显著的正相关关系。Murphy（1985）的研究发现，高管薪酬对股价绩效的弹性很强。Sloan（1993）的研究也证实，会计净收益与CEO 现金报酬之间呈现出显著的正相关性。此外，Boschen 等（2003）的研究结果显示，高管年薪的改善还与公司会计利润的提高之间存在着显著的正相关关系，且高管年薪与公司股价之间也具有一定的相关性。张俊瑞等（2003）基于中国具体情境下的实证研究表明，高管的人均年薪与公司的经营绩效及规模之间有着显著且稳定的正相关性。Firth 等（2006）基于中国上市公司的样本数据发现，中国上市公司高管薪酬与企业绩效正相关，同时也肯定了高管薪酬激励在中国资本市场中所扮演的主要公司治理角色。

然而，也有学者认为，二者虽具有正相关关系，但相关性很弱。Baker 等（1988）的研究指出，高管薪酬对企业绩效的敏感性过低，以至于不能提供足够的管理激励。在此基础上，Jensen 和 Murphy（1990a）以公司市场价值的变化（即股东财富变化）来衡量公司业绩，进一步考察了 CEO 年薪对企业绩效的影响，结果发现 CEO 年薪与企业绩效之间只呈现弱的相关性，CEO 年薪对企业绩效的敏感性非常小，且不能对高管层构成有效激励。Tosi 等（2000）的研究也显示，CEO 年薪的改变 40% 由公司规模决定，仅有 5% 由企业绩效决定，CEO 年薪与企业绩效的相关性并不强。此外，还有部分学者认为，高管薪酬和企业绩效之间不存在正相关关系。Jensen 和 Murphy（1990b）的研究表明，企业绩效对高管年薪的变动不敏感。基于荷兰上市公司 1998—2001 年的 750 份年度报告中披露的高管薪酬数据，Duffhuesa 和 Kabirb（2008）考察了高管薪酬与公司业绩之间的相关性，结果并没有发现高管薪酬与公司业绩之间存在正相关关系。但是，该结论支持管理层权力能影响高管薪酬的观点，并对传统的高管薪酬能协调股东和高管利益的观点提出了质疑。Core 等（1999）的研究发现，CEO 的超额薪酬与公司股票收益及经营业绩之间存在着显著的负相关性。Brick 等（2006）也证实，高管的超额薪酬与企业经营绩效负相关。李增泉（2000）和魏刚（2000）的研究都表明，高管薪酬与企业规模密切相关，而与企业绩效不相关。

综上可知，国内外学者对于高管薪酬与企业绩效相关性的研究尚无统一定论，这或许与其选择不同的研究样本及变量等有着密切的关系。同时，他们也开始意识到，后续研究应在高管薪酬激励与企业绩效的关系中考虑更多中介过程及调节变量，尽量使其研究模型更趋完善。

第二，研究高管薪酬激励对企业绩效的"间接效应"。有学者注意到，高管职位的潜在竞争强度会因为高管薪酬激励水平的提高而加大（左晶晶和唐跃军，2010），从而间接提升了企业绩效。其原因主要在于：高管薪酬激励越大，高管职位的潜在竞争强度也越大。这不仅有效激励了现任高管努力工作以免被外部求职者替代，而且还大大降低了企业高管的离职率。同时，较高的薪酬激励制度也使得企业能够在较短时间内聘请到人力资本存量高、管理能力强的继任者，从而有利于企业更好地应对复杂变化的竞争环境，提高企业决策的正确性和执行效率。此外，高管薪酬激励水平的提高将增强高管对企业决策准确性的关心程度，并在一定程度上形成对控股股东行为的制衡，从而避免了控股股东的“隧道”行为对公司利益的侵占。Van den Steen（2005）认为，赋予高管人员的薪酬激励水平越强，高管就越关心企业决策的准确性，同时也越倾向于坚持自己正确的观点，这将增大企业高管对委托人的决策进行判断和选择性拒绝的可能性。因此，企业高管对于控股股东侵占行为等非正确决策的抵触，削弱了控股股东对公司利益的侵占动机，从而保护了公司利益。Hall 和 Liebman（1998）的研究也发现，高管薪酬与企业绩效之间具有强相关关系，这主要是由于1980 年以后高管所持股票期权的数量增加所致。然而，管理层很可能会采取操纵财务报表、扭曲财务信息等行为来获取超额薪酬，从而对企业绩效产生负向影响。Frieder 和 Subrahmanyam（2007）指出，管理薪酬激励虽然在某种程度上降低了管理层的道德风险，却也增加了管理层通过操作财务报表来获取额外报酬的机会。但汪昌云和孙艳梅（2010）通过中国上市公司的实证数据发现，高管薪酬激励有效地降低了财务欺诈行为发生的概率。

第三，检验高管薪酬激励对企业绩效的“情境效应”。有些学者通过在研究中引入了某些调节变量，来考察不同情境下高管薪酬激励与企业绩效的关系。Baker 等（1988）在考察高管薪酬与企业绩效的关系时，使用政治力量作为调节变量。结果发现，政治力量会减弱 CEO 薪酬与企业绩效之间的相关性。肖继辉和彭文平（2002）的研究表明，高管年薪与企业绩效的正相关性受公司规模、行业、地区、所有制等控制变量的影响。谌新民和刘善敏（2003）在研究中发现，两职兼任使得企业对高管监督的有效性降低，因此，两职兼任的高管年薪并不能促进企业绩效的提升，而实行年薪制则对高管层提高企业绩效具有一定的激励作用。杜兴强和王丽华（2007）的研究显示，高管薪酬与公司市场价值或股东财富前后两期的变化均呈正相关关系，其中与本期的托宾 Q 值（Tobin's Q）负相关，与上期的托宾 Q 值正相关。在此基础上，杜兴强和王丽华（2009）还进一步考察了 ROE、ROA、TQ 和股东财富这四个指标与高管薪酬之间的关系。结果发现，ROE 和 ROA 的增加均会提升企业高管的薪酬水平，且在四个指标中 ROA 的解释力最强。同时，上年度 ROA 的变化对高管薪酬的影响不尽相同，在国有控股的上市公司中是正效应，而在民营控股的上市公司中则为负效应。左晶晶和唐跃军（2010）从期望理论的角度研究了高管薪酬激励的有效性问题，结果发现在中国独特的情境下高管薪酬激励与企业绩效之间表现出倒“U”型关系。他们给出的解释是，在“第二类代理”① 占据主导和隐性激励大量存在的中国市场上，上市公司高管看起来显著较低的薪酬和持股比例亦可能导致较为严重的过度激励，当薪酬的激励作用减弱时，高管可能会更多地选择闲暇或降低工作努力程度，以至于损害企业业绩。

通过上述文献整理，本书发现，学者们普遍将薪酬激励视作激励机制的主要形式之一，并侧重于将高管薪酬与企业绩效挂钩，考察这两者之间的影响效应，即直接效应、间接效应以及情境效应，尝试挖掘高管薪酬激励对企业绩效的作用机理及相关性问题。

2. 股权激励

在股权激励与企业绩效的关系研究上，现有文献大多基于以下两种对立效应的分析上：

一是利益趋同效应（The Convergence of Interest Effect），即高管持股会降低股东与高管之间的代理成本（Jensen & Meckling，1976）。Jensen 和 Meckling（1976）认为，在所有权与经营权分离的公司治理环境下，所有者与经营者的目标不一致以及信息不对称可能导致作为代理人的高管从自身利益出发进行决策，并以牺牲股东利益为代价寻求自身利益的最大化，从而形成与外部股东的利益冲突，而高管持股显然有助于减少外部股东与高管之间潜在的利益冲突。一方面，高管持股可以促使高管站在股东的角度思考问题，从而选择有利于股东利益的战略决策，提高企业绩效；另一方面，高管持股比例的提高将对高管人员产生激励。持有公司股权之后，高管人员将在一定程度上拥有剩余索取权，这将有助于高管努力工作，发挥自身的经营优势以实现自身利益最大化的目标，进而提升企业绩效。因此，管理者持股水平越高，管理者与外部股东的利益越趋于一致，企业高管人员对保护投资者利益的承诺价值以及由于所有权和控制权分离所带来的代理成本就越低，企业发生盈余管理的可能性也越小（Warfield，Wild &

① La Porta 等（1999）认为，在股权高度集中的上市公司中，公司治理的主要方面是控股股东与中小股东之间的问题，即第二类代理问题。在中国市场上，原来主要受到“第一类代理问题”影响的激励机制与公司业绩之间的关系可能更多地受到“第二类代理问题”的左右。

Wild，1995）。同时，高管持股也有助于减少企业自由现金流动的代理成本，增加公司价值（Jensen，1986）。随着管理层持股水平的提高，高管人员更愿意提供高质量的会计信息供外部股东决策（汪昌云和孙艳梅，2010）。正如Jensen和Murphy（1990a）所指出的那样，高管持股与企业绩效显著正相关，让CEO持有公司股份是对CEO最佳的激励方式。基于利益趋同假设下的高管持股对企业绩效的激励效应（Incentive Effect），在中国情境下的相关实证研究中也得到了印证。周建波和孙菊生（2003）认为，对于那些成长性较高的企业来说，高管持股比例的增减与企业经营绩效的提高呈显著的正相关关系。王克敏等（2004）的研究表明，当不存在接管市场或接管市场不发达时，高管持股将产生利益趋同的激励效应，企业绩效随着高管股权的增加而单调递增。

二是壕沟效应（The Entrenchment Effect），即随着高管持股比例的提高，高管对企业的控制力和影响力将不断增强，这时来自外部的约束作用将变得越来越弱（Stulz，1988）。高管可以在更大范围内追求个人利益，提高代理成本，这些都会降低企业绩效。有些学者的研究结果验证了股权激励与企业绩效的关系中存在壕沟效应的假设。Fama和Jensen（1983）指出，持股高管可以凭借自身广泛的影响力和投票权，为公司引入偏离公司价值最大化目标的投资项目，并确保他们目前的工资水平和聘任机会不受影响。Johnson等（2009）的研究发现，高管层会采用财务欺诈等非常手段，避免其所持股份价值大幅下滑。Erickson等（2006）的研究显示，以股权为主的高管薪酬与财务欺诈发生的概率正相关。且当财务欺诈行为被披露之后的6个月内，高管层持股价值的中位数将下降49%。然而，高雷等（2006）基于中国上市公司非平衡面板数据的研究却表明，高管层持股与基金持股均能抑制控股股东的“掏空”行为。

不过，也有学者认为，高管持股与企业绩效之间并非简单的线性关系，且利益趋同效应和壕沟效应这两种效应将在一定范围内同时存在（Morck，Shleifer & Vishny，1988；McConnell & Servaes，1990）。有研究表明，高管持股比例与企业绩效之间呈倒“U”型关系，即高管持股最初可能主要表现为激励效应（Incentive Effect），然而不断增加的激励成本将可能导致高管持股对企业绩效的过度激励（Excessive Incentive），并使得堑壕效应和隧道效应（Tunneling Effect）逐渐占据主流，不利于企业绩效的提高。McConnell和Servaes（1990）的研究发现，高管持股比例与企业托宾Q值之间存在着倒“U”型关系，拐点位于高管持股比例的40%～50%之间。尤其是在中国特殊的公司治理环境下，多数上市公司的股权高度集中，控股股东左右着上市公司治理与管理的主要方面，高管层往往直接代表着控股股东的利益。虽然高管持股比例从表面上看微乎其微，但是其所从属的控股股东利益集团却大多处于“一股独大”状态。因此，即便是高管层持股较少，却也完全能够联合控股股东攫取更多的隐性激励，并在一定程度上形成对高管层的过度激励，从而给企业绩效带来严重的损害（左晶晶和唐跃军，2010）。

还有些研究表明，高管持股与企业绩效（托宾Q值）之间可能存在三次曲线关系。Morck等（1988）的研究表明，高管持股比例在0%~5%或大于25%时，利益趋同效应占主导，且高管持股比例与企业托宾Q值正相关；而当高管持股比例处于5%~25%的范围内时，壕沟效应占据优势，此时高管持股比例与托宾Q值负相关。Short和Keasey（1999）也得出了类似的结论，认为高管持股比例与企业托宾Q值之间是“先上升——再下降——再上升”的关系。然而，Hermalin和Weisbach（1991）以及Cui和Mak（2002）的研究却得出相反的趋势。Hermalin和Weisbach（1991）的研究显示，高管持股比例与企业托宾Q值的关系在1%~5%的范围内时为负相关，在5%~20%的范围内时为正相关，超过20%时则又变成负相关。Cui和Mak（2002）也认为，企业的托宾Q值随着高管持股比例的上升呈现出“先下降——再上升——再下降”的趋势。而刘剑和谈传生（2005）基于中国331家上市公司的数据，考察了管理层持股与企业经营绩效（以修正的市净率来衡量）之间的关系。结果发现，管理层持股比例在0%~0.1376%之间时，企业经营绩效随着管理层持股比例的增加而下降；而当管理层持股比例在0.1376%~0.7462%区间时，企业经营绩效随着管理层持股比例的增加而上升；当管理层持股超过0.7462%时，企业经营绩效再次随着管理层持股比例的增加而下降。

3. 晋升激励

根据Rosen（1986）的研究，高管层内的晋升主要是指非CEO的高管人员晋升到CEO职位。对于非CEO的高管而言，晋升为CEO将带来诸多货币及非货币的收益，如薪酬增加、权力增大、在职消费增多、成就感增强等，这些预期收益对高管人员的激励作用丝毫不亚于当期的薪酬奖励。因此，职位晋升作为一种重要而隐性的激励方式，会对企业绩效产生重要影响（Kale，Reis & Venkateswara，2009）。Jensen和Meckling（1976）以及Gibbons和Murphy（1992）的研究也表明，为了薪酬与晋升而进行的竞争可以激发代理人努力工作，减少偷懒和搭便车行为出现的可能性。而晋升激励最直接的表现就是薪酬差距，即CEO与其他高管人员之间的薪酬数额的差别，高管层内的薪酬差距越大，职位晋升的激励效应就越强。

国内外学者对于职位晋升激励效应的分析，主要基于以下两个理论：

一是由Lazear和Rosen（1981）提出的锦标赛理论（Tournament Theory）。Lazear和Rosen（1981）在研究中发现，薪酬在随着行政层级的提高而上升的过程中并未能呈现平滑增长的曲线，而是存在着阶段性“拐点”。这种离散性的薪酬变动现象很难用人力资本理论、职业生涯激励理论或其他经济学理论进行解释。因此，他们提出了锦标赛理论，即将代理人看作晋升竞争中的参赛者，在这个“连续排除对手的竞赛”（Sequential Elimination Tournament）中，最后的赢家将获得职位晋升及全部奖金，使得该现象得到了较为合理的解释。Rosen（1986）也指出，为了解释薪酬水平的离散式跳跃，有必要求助于锦标赛理论和其他解释。

锦标赛理论认为，企业内部不同层级之间存在的薪酬差距可视为企业对在晋升竞赛中获胜的高管人员给予的奖励，这种奖励是事先已经预定好的，并不取决于某一场比赛的产出。因此，在基于锦标赛理论的晋升激励方案中，管理者的薪酬将取决于其业绩排名而非业绩本身。从这个角度上看，锦标赛理论强调行政层级是薪酬推进器的观点与人力资本理论的观点截然相反。薪酬差距也许并不能代表获胜高管比落败高管更具有竞争力（两者在能力方面的差异可能很小）①，但却能促使高管在高额薪酬的诱因下为提高企业绩效做出最大的努力。同时，锦标赛理论强调的是，薪酬差距对处于较低行政层级管理者（非CEO的高管人员）的晋升激励，增加薪酬差距的决定也是为了诱使高管人员提高努力工作的程度。锦标赛理论认为，当委托人的监督成本较高时，企业若以相对绩效来激励员工，会优于以绝对绩效来激励员工，因为高的竞赛奖金（即薪酬差距）将会诱使竞赛者产生更大的工作动力，激励他们以良好的业绩表现来获得高额的薪酬奖励及更多的晋升机会，从而为企业带来较大的产出及绩效。在这种顺序淘汰的锦标赛中，优胜者将获得全部的奖金，而失败者则一无所得。输赢结果的巨大反差将驱使竞赛选手在比赛中竭尽所能地争取胜利。对于企业高管层而言，高管人员需要通过自身的努力击败所有的竞争对手，赢得比

---

① 正如Lazear和Rosen（1981）所说：“假如某个人某一天从副总经理晋升为总经理，他（她）的薪酬将在一天内成倍的增加，我们很难说这个人的能力在一天之内就发生了巨大的提升。”

赛的最终胜利，并以此获得职位晋升，而他们努力的结果将大大提升企业的绩效。因此，锦标赛理论并不要求在任一给定时点上，薪酬与代理人的边际产出价值相等。事实上，要想使这一安排有效率，处于最高行政层级别的管理者也不需要具备与薪酬相当的价值。其原因在于，锦标赛理论所论及的薪酬是基于代理人边际产出的排序，而不是具体的边际产出。锦标赛理论还认为，由于高管业绩表现的信息不容易取得，若以业绩表现作为薪酬制定的标准，可能会因信息不充足或信息不对称而造成衡量偏差，同时也增加了企业信息收集的成本。因此，如果按照锦标赛理论来制定企业的薪酬制度，管理者的所得取决于其业绩排名而非业绩本身，将大大降低委托人对代理人的监控成本。因为，以业绩排名来确定薪酬的度量方式要比以业绩本身度量薪酬来得简单和准确。

综上所述，锦标赛理论在一定程度上解释了薪酬水平随着职位晋升而阶梯式跳跃的事实，从而弥补了现有理论解释力不足的窘况。同时，锦标赛理论也认为，大的薪酬差距可以降低监督成本，为股东和代理人的利益一致提供强激励，从而提高企业绩效。众多学者的实证研究验证了锦标赛理论的上述观点。Main 等（1993）调查了美国 200 家公司高管团队的薪酬数据，结果发现薪酬差距与资产报酬率正相关，但与股东报酬率却无显著的相关性。Eriksson（1999）对 210 家丹麦公司高管的实证研究也表明，薪酬差距与企业销售利润之间存在着显著的正相关关系。Ehrenberg 和 Bognanno（1990）以高尔夫球赛为研究对象，发现奖金的差额的确会影响到球员进球杆数的绩效表现。

然而，也有学者得出了与上述研究不同的结论。Leonard（1990）对美国大公司的研究发现，薪酬差距与企业绩效之间并不存在显著的相关关系。Ang 等（1998）调查了以色列 367 家公司的 CEO 和其他高管团队成员之间的薪酬差距，结果发现薪酬差距与企业绩效之间并无明显的相关性。他们认为，一个可能的解释是：这些被调查的企业大多是家族企业或股权集中的合伙企业，因此，它们的股权集中程度与薪酬契约在代理问题的控制机能上具有互补性。当企业股权集中程度较高时，以高额薪酬缓和代理冲突的需求将会降低，因而无法得出与锦标赛理论一致的结论。Bingley 和 Eriksson（2001）在一项基于丹麦 6 501 家大中型私营企业 1992—1995 年样本数据的调查分析发现，白领阶层员工的薪酬差距与其业绩水平在一定范围内呈显著的正相关性；超过某一限度后，则表现出负相关性。但这种相关关系在蓝领阶层的员工中表现得不明显。

二是期望理论（Expectancy Theory）。期望理论认为，人们采取某项行动的动力或激励力量取决于他们对行动结果的价值评价和对达成该结果可能性的估计，即激励力量的大小受到目标价值（效价）和期望概率（期望值）这两个因素的影响。用公式表达就是：$M=V\times E$，其中 M 是指人们从事某项活动积极性的大小，称为激励力量或激励水平。V 是指人们对某一目标的重视程度与评价高低，即人们在主观上认为奖酬的价值大小，称为效价。E 是指某一特别行为会导致一个预期结果的概率，称为期望值。这个公式表明：人们对所追求目标的价值越看重，估计实现目标的概率越高，他们的动机就越强烈，激励水平也越高，这时人们的潜力才可能被充分调动起来。换言之，只有当期望值和效价都高时，激励力量才能最大限度地发挥出来。而在晋升激励中，薪酬差距就是效价，高管人员在 CEO 职位的竞争中获胜的可能性就是期望值。只有当薪酬差距大且职位竞争获胜的可能性较高时，职位晋升的激励力量才能得到最大限度的发挥。当获胜（获得 CEO 职位）机会减小，即期望值降低，而薪酬差距（效价）仍维持在原来的水平上时，职位晋升的整体激励效果会降低或被削弱。Main 等（1993）的研究提供了相应的经验证据。他们的研究表明，薪酬差距会随着竞争者（CEO 副手）人数的增加而增加，且每增加一个竞争者将会导致薪酬差距增加 3%。这说明，维持足够强的晋升激励水平需要增加 CEO 与其副手之间的薪酬差距。Bognanno（2001）考察了 1981—1988 年间 600 多家样本公司的数据后发现，CEO 与其副手薪酬之差的对数和副手人数及公司员工人数之间呈显著的正相关性。Conyon 等（2001）调查了 100 家英国公司 500 名高管人员的相关数据，发现行政层级与薪酬之间呈显著的下凸（Convex）关系，即在 CEO 以下的两个行政层级中，每增加一名高管，CEO 与其余高管的薪酬中值差异就增加 3.5%。他们的研究还显示出与 Main 等（1993）同样的结论，即 CEO 与下一层级高管人员的薪酬差距与下一层级高管人员的总人数相对应。鲁海帆（2010）的研究也证实了当内部高管人员短期内获得 CEO 职位的机会较小时，企业将倾向于扩大薪酬差距以提高激励作用。

第六节　企业技术创新的衡量

时至今日，学术界对于创新的定义及衡量并未形成清晰、一致的标准。大多数学者认为，创新从本质上来说是多维的。创新可以是企业创造新产品或新服务的过程，也可以是企业对新产品开发、市场营销、信息化等创新性活动的资源投入，或者是新理念或新产品本身（Carmen，Ana Beatriz & Ramón，2005）。总体而言，学者们对创新的不同定义中包含了三个基本维度：创新是一种成果；创新是一个过程；创新是一种特征。研究者对创新的不同定义，体现了现实的不同侧面（Bantel & Jackson，2005）。创新定义的多重性也必然导致企业技术创新需侧重于创新概念的某一方面才可能被度量，并由此衍生出多种测量指标及测量方法。从指标数据来源的客观性上看，企业技术创新的测量指标大致可分为客观衡量指标和主观衡量指标两大类。

一、技术创新的客观衡量指标

结合 Carmen 等（2005）的观点，本书将企业技术创新的客观衡量指标分为三大类：投入指标、过程指标、产出指标。企业技术创新的投入指标通常指的是 R&D 投入，即企业在 R&D 的人力资源以及经费上的投入。具体的测度指标包括：R&D 经费、R&D 经费来源构成、R&D 密度（R&D 支出占销售收入或总产值的比重）、R&D 人员数或 R&D 人员占企业从业人员总数的比例等。其中使用最为频繁的是 R&D 经费占企业销售收入的比重以及 R&D 人员占企业职工总人数的比重这两个指标。影响企业技术创新过程的因素有很多，包括企业的经营战略、经济状况、战略联盟方式等。但在实际测量中，这些因素却难以直接量化取得。而 R&D 项目作为企业 R&D 活动的主要载体，可以从侧面反映企业 R&D 活动的执行情况。因此，实证研究中主要通过对 R&D 项目的统计来间接反映 R&D 的过程，如项目的投入重点、来源、合作方式、经济目标、经费总量、投资强度等。技术创新产出的测度指标主要有专利或出版物数量，同时还包括新配方、新工艺、新产品、新项目等科研成果。但遗憾的是，科研成果的数量和效益存在着难以统计且不能量化比较的弊端，因此，不能够全面反映企业技术创新的产出效应。

鉴于单个创新测度指标对企业技术创新的分析具有一定的缺陷，为了如实反映企业 R&D 和创新活动，有学者提出从投入和产出的双重视角来评价企业技术创新。他们认为，创新投入和产出的整合视角可以兼顾企业对技术创新过程的管理，不至于将最终的评价结果与技术创新过程割裂开来，有利于保持各项创新活动的平衡，以及企业整体 R&D 水平和创新绩效的提高（毕克新、赵莉楠和孙金花，2006）。而在技术创新的先期研究中，出于商业保密的考虑，企业层面的创新数据难以获得，因此，研究所获取的数据大都集中在 R&D 投入、科研人数和专利数这三个指标上（Cuddington & Moss，2001；马宁和官建成，2000；余秀江等，2010）。只是对于能否将专利数作为衡量企业技术创新的最佳产出指标，学术界还存在着相当大的争议。有些学者运用专利数来测度企业技术进步和创新绩效（Hitt 等，1991；Arundel，2001；吴一平，2010；刘锦英，2010），认为专利数是衡量企业技术创新产出的重要指标（Guan，2005）。然而，也有学者反对这种观点，认为专利数仅反映了企业 R&D 活动某一方面的成果，且不能够都转化为实际产品，也难以通过转让获得经济收入，专利成果的创新绩效并不好。因此，将专利数作为企业技术创新的最佳产出指标存在着明显的缺陷（Griliches，1990）。首先，申请专利的要求比较高，不能反映企业的一些改良性创新，从而导致企业创新的产出绩效被低估；其次，有些企业出于战略考虑（如防范信息过早外泄）不愿对创新产出申请专利；再者，企业申请专利积极性的差异也会影响这一指标测量创新绩效的准确性（钱锡红、杨永福和徐万里，2010）。马宁和官建成（2000）的研究建议，由于专利的获得离不开企业自身的 R&D 投入，因此，可以把企业的 R&D 投入作为企业技术创新产出效果的重要作用变量。

最近的实证研究纷纷用新产品、新项目来呈现企业技术创新活动的产出结果（毕克新、赵莉楠和孙金花，2006）。例如，焦少飞等（2010）的研究中就采用了新产品产值占工业总产值的比重来表征企业创新的产出绩效。李春涛和宋敏（2010）的研究中采用了投入指标和产出指标来衡量企业的技术创新活动。投入指标包括研发参与（R&D Decision）和研发投资密度（R&D/ Sales），其中研发参与为虚拟变量、研发投资密度用研发投资占总销售收入的比例来表示。产出指标则包括，新产品的销售（NP Sales）、新产品的发明（NPD）、新生产工艺的开发（New Process）。张华胜（2006）也认为，R&D 活动仅仅只是企业创新活动的一部分，而生产制造、市场营销等 R&D 的后续活动却能够使科研成果商业化。从某种程度上来说，R&D 的后续活动对企业创新的作用更为关键。他同时提出，用经济和产业绩效等指标来度量企业技术创新的产出效应，例如，新产品的数量、新产品的销售比例、新产品的销售额在对外贸易中的比例等。Katila（2002）在分析企业技术创新的产出指标时强调了新产品和新工艺创新，认为新产品和新工艺创新能够克服大部分研发不能带来商业价值的弊端。

基于上述研究成果，本书认为，企业的创新动力主要在于新产品（新项目）所带来的市场价值或经济效益，即创新得到市场认可。因此，以新产品（新项目）作为企业技术创新的度量指标应该更能够反映企业技术创新产出效应的实际情况。

然而，研究中以新产品或新项目作为企业技术创新的度量指标，却存在着数据收集困难的弊端。这主要是源于：第一，R&D 项目具有跨期权衡性，即支出发生在近期而收益却很可能要经过很长时间才能实现，而会计披露中却大都把 R&D 支出作为当期费用处理，因此，从财务报告中很难看到 R&D 活动的投入资本及业绩的跨期信息；第二，大多数国家的会计准则中没有规定要强制披露 R&D 项目，且 R&D 投资项目的宣布可能会给竞争对手提供一种重要的信号，披露 R&D 活动的细节可能会使企业处于一种竞争劣势，因此企业高管层一般不愿意自动披露此类信息，这将导致一些详细的 R&D 信息不能轻易获得；第三，R&D 活动一般属于某个企业专有，因此，对不同企业的 R&D 项目进行量化评价比较困难。

二、企业技术创新的主观衡量指标

在技术创新主观衡量指标的选择上，学者们主要以企业自身对其 R&D 创新情况（与同行相比较）的切身感受，来反映企业的技术创新水平。例如，谢洪明和刘常勇（2003）以李科特（Likert）7 点量表为计量尺度，采用 7 个指标来考察新产品开发绩效，主要涉及财务以及市场机会等方面。这 7 个指标是：各项新产品项目进度的完成情况、新产品成功上市比例、高层主管对新产品项目整体绩效的主观满意度、新产品项目超出预算的比例、新产品项目技术绩效的满意程度、新产品开发失败与中途停止的比例、在同样时间内较其他同业竞争者推出的新产品数目。蒋春燕（2008）参考 Zahra（1996）的研究，采用了以下 4 个主观指标：开发出更多的新产品、开发新产品的速度更快、进入市场的时间更短、新产品开发在行业中占据领导地位。杨静和宝贡敏（2009）对企业技术创新水平的衡量主要采用以下 3 个指标：与竞争对手相比，本企业的技术创新有更好的市场及利润；与竞争对手相比，本企业的技术创新取得了更大的成功；在过去的 3 年中，本企业采用新技术的产品数量。在 Bell（2005）、Ritter 和 Gemünden（2004）研究的基础上，钱锡红等（2010）采用主成分分析法，提取了 5 个探索性因子以形成技术创新绩效的测量量表（$\alpha=0.924$）。这 5

个探索性因子主要包括：在行业内率先推出新产品或新服务、在行业内率先应用新技术、产品的改进与创新有非常好的市场反应、产品包含一流的先进技术与工艺、新产品开发的成功率非常高。尽管技术创新的主观衡量指标具有易于获得调研数据的优势，但也仍然存在受调查对象主观判断的影响较大等缺陷，需要在今后进一步的研究中加以克服。

第三章

理论分析模型与假设

第一节　理论分析模型的提出

一、理论分析模型

在系统回顾相关研究文献后，本书在 Hambrick 和 Mason 的高层梯队模型的基础上，以探究性研究为主，提出高管团队背景特征、激励机制与企业 R&D 投入关系的研究模型（如图 3－1 所示）。

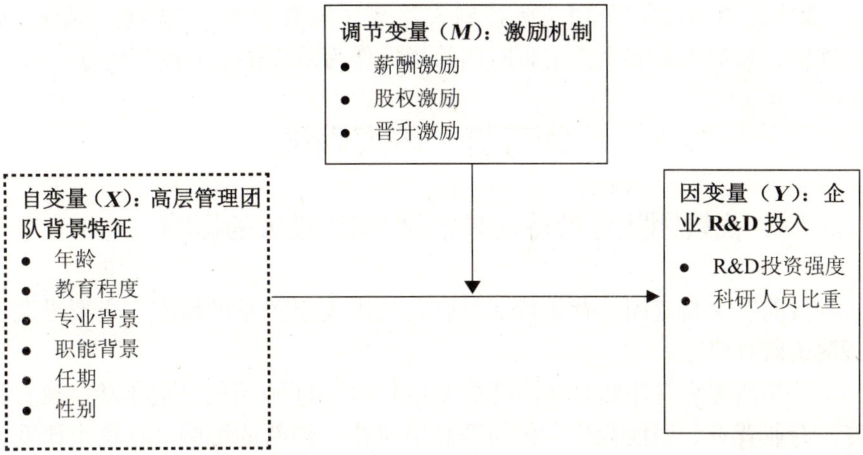

图 3－1　高管团队背景特征、激励机制与企业 R&D 投入关系的研究模型

二、变量的选取

研究模型主要包括四组变量：

第一，本书在 Hambrick 和 Mason（1984）提出的高层梯队模型的基础上，选取高管团队背景特征及其异质性作为研究模型的自变量，主要包括：高管团队的年龄、教育程度、专业背景、职能背景、任期、性别以及与之相关的异质性。

第二，本书选取激励机制作为研究模型的调节变量。激励机制是一个聚合构念，本书参考以往文献资料中关于激励机制的研究成果，主要从薪酬激励、股权激励、晋升激励三个维度对激励机制进行测量。

第三，本书选取企业 R&D 投入作为研究模型的因变量。如何衡量企业的技术创新，一直是理论界、企业和政府政策制定者所关注的重要问题，许多学者都进行了有益的探索，并提出了多个度量指标。为了排除主观判断的误差，本书主要采用客观指标对企业技术创新的 R&D 投入情况进行衡量。在参考以往研究成果的基础上，本书选用科研人员比重反映企业在 R&D 与技术创新上的人力资本投入规模，用 R&D 投资强度反映企业在 R&D 与技术创新上的经济投入，据此对高新技术企业 R&D 投入状况进行测度。

第四，本书选取公司实际控制人类型（国有企业、非国有企业）、企业规模、雇员人数和企业上市时间等指标作为研究模型的控制变量。

第二节 研究假设

一、高管团队背景特征对企业 R&D 投入的影响

目前有关高管团队背景特征与企业技术创新关系的研究，主要沿袭以下两条研究路径：

一是研究高管团队具体的特征变量，如 TMT 成员的平均年龄、教育程度、专业背景、职能背景、任期等对企业技术创新的影响。在这个研究方向上，研究者们已经取得了较为丰硕的实证结论。Tihanyi 等（2000）发现，高管团队平均年龄越大，制定的企业战略就越趋于保守，这将使得企业难以把握住市场机会，因此，也降低了企业 R&D 创新动力，并且对企业绩效造成消极影响。Srivastava 和 Lee（2005）的研究关注的是在创业或创新过程中，高管团队的背景特征对新产品流动所发挥的关键作用。他们认为，高管团队对企业新产品开发团队的支持是创业或创新成功的关键因素。高管团队的平均教育水平越高，企业新产品流动的安排越早、流动时间越快，企业越有可能成为市场的领导者而非模仿者。Carmen 等（2005）的研究证实，TMT 成员所受正规教育的平均水平与企业技术创新能力（以专利权、新产品的数量为测度）正相关。Hoffman 和 Hegarty（1993）以美国、英国、瑞典等 9 个工业化国家的 97 家制造企业的高管团队为样本，检验高管团队职能背景与企业技术创新之间的相关性。结果发现，TMT 成员

的营销和研发等外部职能背景对产品创新的影响较大；而财务、生产运作、人力资源等内部职能背景对管理创新的影响较大。Daellenbach 等（1999）将高层管理者的职能背景划分为财务、法律、生产、工程技术、研发和营销 6 大类。他们发现，拥有技术背景（包括生产、工程技术和研发）的 TMT 成员的比例越高，企业的 R&D 投资强度（用 R&D 经费投入占销售收入的比例衡量）越强。Weinzimmer 等（2003）的研究表明，高管团队的长任期将导致团队内部在战略决策和思维上的惯性和惰性，使企业缺乏 R&D 投入动力，从而给企业的技术创新活动带来负面影响。

二是分析 TMT 特征异质性，如教育程度、专业背景、职能背景、任期、性别等特征变量在高管团队中的离散分布对企业技术创新的影响。在这个研究方向上，研究者们的实证结论出现了相互冲突的情况。一些研究者认为，TMT 背景特征的异质性正向影响着企业的技术创新。Ancona 和 Caldwell（1992）的研究证实，异质性能够帮助团队更频繁地与外部网络建立联系，接触到更多的信息，从而间接促进了企业创新。Bantel 和 Jackson（1989）利用来自银行业的数据，实证研究了 TMT 背景特征的异质性与企业技术创新之间的关系，发现 TMT 教育背景及职能背景的异质性可以通过提高决策过程的质量，带来企业技术创新。具体而言，来自不同职能部门、拥有不同教育背景的 TMT 成员，在企业面临外部环境问题时会产生更多不同的观点，因而使高管团队具有更丰富的分析视角和行动路线；同时，多样化的观点和方法使得团队内部的相互学习成为可能，这些都有助于提高企业决策的前瞻性和创新性。因此，有学者建议采用工作轮换和产业间联系的方法提高团队成员之间的差异性（Burke & Steensma，1998），以提升企业的创新能力。Lyon 等（2002）也指出，异质性的高管团队决策质量更高，更能够实现在产品创新中市场份额与盈利水平的协调增长。Srivastava 和 Lee（2005）跟踪研究了来自 PC 制造业、远程通讯业和啤酒酿造业的 64 家美国企业，这些企业在 15 年时间内推出了 245 项新产品。他们经研究发现，TMT 成员在企业任职时间的差异越大，就越倾向于先于竞争对手推出新产品，企业更易于成为行业领先者而不是模仿者。但 Srivastnva 和 Lee 也同时指出，TMT 异质性的影响在不同行业中存在差别，目前尚无法得出具有普遍意义的结论。Adams 和 Ferreira（2008）的研究发现，性别比例的分散有助于董事会发挥监督作用，提高公司治理效率和创新能力。然而，也有研究发现，高管团队背景特征的异质性与企业技术创新之间存在着负相关关系（Schoenecker，Daellenbach & McCarthy，1995）。

Lyon 等（2002）的研究也证实，致力于产品创新能够使企业获得市场份额的增长。但产品创新的高投入和高失败率将加重企业的财务负担，因此，反而降低了企业的盈利水平。

对于这种实证研究结论相互冲突的情况，理论上通常有两种解释：一种解释是，高管团队背景特征的异质性与企业技术创新之间并不存在直接联系（Daellenbach，McCarthy & Schoenecker，1999）；另一种解释是，高管团队背景特征的异质性在给团队带来多元化认知及互补性技能的同时，也可能会在团队内部成员之间引起更少的沟通，甚至会造成冲突和对立。因此，要想验证 TMT 背景特征异质性与企业技术创新的线性相关关系，后续的实证研究中就必须引入其他的中介变量或调节变量。后一种解释得到较多支持，而近期的研究也开始更多地关注 TMT 的动态过程。

在上述研究中，高管团队背景特征及其异质性对企业 R&D 与创新的情境研究是目前 TMT 研究中最值得关注的内容。高管团队的年龄、教育程度、专业背景、职能背景、任期、性别等特征及其异质性通过影响企业 R&D 投入的意愿、战略以及决策，促进企业 R&D 能力和创新绩效的提高（Auh & Menguc，2005a）。根据以往的研究结论，本研究认为高管团队背景特征及其异质性构成会对企业 R&D 投入产生不同程度的影响。据此，本研究提出以下假设：

H_1：高管团队背景特征及其异质性与企业 R&D 投入之间具有相关关系。

H_{1a}：高管团队的平均年龄与企业 R&D 投入负相关。

H_{1b}，高管团队的平均学历水平与企业 R&D 投入正相关。

H_{1c}：高管团队中具有科学工程专业背景的成员比重与企业 R&D 投入正相关。

H_{1d}：高管团队中具有研发职能背景的成员比重与企业 R&D 投入正相关。

H_{1e}：高管团队的平均任期与企业 R&D 投入负相关。

H_{1f}：高管团队中男性比例与企业 R&D 投入正相关。

H_{1g}：高管团队年龄的异质性与企业 R&D 投入正相关。

H_{1h}：高管团队教育程度的异质性与企业 R&D 投入正相关。

H_{1i}：高管团队专业背景的异质性与企业 R&D 投入正相关。

H_{1j}：高管团队职能背景的异质性与企业 R&D 投入正相关。

H_{1k}：高管团队任期的异质性与企业 R&D 投入正相关。

H_{11}：高管团队性别的异质性与企业 R&D 投入正相关。

二、激励机制对企业 R&D 投入的影响

越来越多的企业意识到，R&D 与创新在降低成本和提高竞争力等方面发挥着至关重要的作用，它是帮助企业获得先动优势和提升财务绩效的最有效的手段之一。同时，R&D 与创新活动还有助于企业改变现有的市场结构，适应外部环境的快速变化和多元化的市场需求（Li & Atuahene-Gima，2001）。因此，成功而有效的 R&D 与创新对企业的生存和发展具有极其重要的意义（Teece，1986）。然而，R&D 与创新是一个庞杂的系统工程，需要综合考虑企业内外部环境的复杂性和不确定性，且需要面对的风险及投入的资金量都很大。如果没有足够的激励机制作为支撑，高管层将倾向于规避风险，避免创新性活动。因此，设计和采用适当的激励机制对企业取得 R&D 创新成功至关重要。

公司治理理论认为，股东可以通过持有"一篮子"公司股份的方式分散风险，即通过购买多个企业股票，靠多元化投资来减少购买单一股票带来的高风险。这时，股东更关心的是股价涨落，而不是公司的业绩。然而，企业高管层的财富和职业前途却往往只取决于公司经营业绩，无法从其他方面分散风险，因此，高管比股东更厌恶风险。同时，企业高管的薪酬通常是由工资、奖金等短期激励构成，这使得他们在进行投资决策时更倾向于增加短期收益高的项目而舍弃长期收益高的创新投资，以实现对短期风险的规避（Tosi，et al.，2000）。因此，改进对高管层的激励方式，可以抑制公司治理中的委托代理矛盾，改变高管层对风险的规避态度，鼓励他们从事更多的风险性项目（Coles，Daniel & Naveen，2006）。

R&D 投资很可能是企业最具有风险性的长期投资项目之一。而激励高管层从企业长期收益出发，作出风险性的 R&D 投资决策的有效方式就是通过适当的激励机制（包括薪酬激励、股权激励、晋升激励）使得企业高管层与股东利益尽可能一致。Balkin 等（2000）的研究考察了 90 个高科技企业 CEO 薪酬与企业创新的相关性，结果发现 CEO 薪酬与企业专利数量、R&D 经费支出等创新指标具有显著的相关性。Coles 等（2006）的研究也表明，管理层激励与企业的投资政策、投资风险程度之间具有明显的因果关系。高管财富对股价越敏感，高管层就越愿意实施包括 R&D 在内的风险性项目。Lerner 和 Wulf（2007）在对美国高科技企业的经验研究中发

现，企业对 R&D 部门高管的长期激励水平与企业获得的专利数量正相关。国内对于激励机制和企业 R&D 与创新活动的研究尚处于起步阶段，这方面的经验证据也还不成熟。唐清泉和甄丽明（2009）以 2002—2006 年间中国沪深两市的436 家披露了 R&D 数据的制造类企业为研究样本实证分析了管理层风险偏爱、薪酬激励与企业 R&D 投入三者之间的关系。结果显示，薪酬激励对企业的 R&D 投入有显著影响。Lin 等（2010）对中国民营企业的研究表明，管理层激励与企业 R&D 经费支出之间存在着正相关关系，这表明企业对高管的激励机制促进了国内民营企业的 R&D 投入行为。但是，他们的研究并未涉及激励机制对企业 R&D 产出的作用，也没有考察激励机制对国有企业创新性的影响。在 Lin 等的基础上，李春涛和宋敏（2010）将企业按照所有制形式分为两类，即国有企业和民营企业，并深入分析了不同股份结构下激励机制对企业 R&D 创新的影响。基于以上分析，本研究提出以下假设：

H_2：激励机制与企业 R&D 投入正相关。激励机制水平的提高将大大激发企业进行 R&D 投入的动力，扩大企业 R&D 投入的规模（科研人员数、R&D 经费投入）。

H_{2a}：高管薪酬激励与企业 R&D 投入正相关。

H_{2b}：高管股权激励与企业 R&D 投入正相关。

H_{2c}：高管晋升激励与企业 R&D 投入正相关。

从高阶理论现有的文献资料看，许多学者考察了高管团队背景特征与企业创新战略和绩效的关系（Wiersema & Bantel，1992；Jensen & Zajac，2004；Song，1982），同时也证实了高管团队背景特征对企业 R&D 投入和创新活动的重要影响。但由于他们的研究忽略了高管团队所处的公司治理环境因素的影响，因而在实证研究中不能显示出一致的结论，更无法支撑判断两者之间因果关系的假设检验。而学者们基于委托代理理论的研究，虽然重视高管团队所处的公司治理环境，但却未能结合高管团队本身的构成特征进行分析，从而导致了其对企业 R&D 投入动力及创新活动的解释力有限。鉴于高阶理论和委托代理理论在单独解释高管团队对企业 R&D 创新效应方面的不足，有学者提出，要全面、准确地把握高管团队背景特征与企业 R&D 和创新活动之间的关系，必须融合这两种理论，将二者纳入到一个分析框架下进行研究（Jensen & Zajac，2004）。受上述思想的影响，学者们开始从高阶理论、委托代理理论和前景理论的综合视角出发，寻找影响高管团队背景特征与企业 R&D 投入关系的调节变量。他们在研究中发现，高管团队背景特征与企业 R&D 投入之间存在被高阶理论忽视的调节变量，如薪酬差异、偏好差异和制度安排等，并在激励机制水平上表现出显著的调节效应。

根据委托代理理论，作为“经济人”的管理层在作决策之前，首先考虑的是个人利益的最大化。只有当管理层预计现在的创新行动将导致企业产出的正效应，并且有利于自身财富的增加时，他才乐于进行风险性的创新（Wiseman & Gomez-Mejia，1998；刘运国和刘雯，2007）。高阶理论也认为，高管团队的背景特征构成形成了高管层对外部环境信息的认知和识别能力，并在对外部信息的收集、分析和判断中逐渐演化为企业的战略决策，这一过程必然包含管理层对个人利益得失的权衡。由此可见，作为股东与管理者利益的协调机制，激励机制必将深刻地影响着高管团队背景特征与企业 R&D 投入之间的关系。Wiseman 和 Gomez-Mejia（1998）从前景理论的角度出发，提出管理层对 R&D 创新行为的预期将影响到风险性的 R&D 投入决策和创新活动的实施。同时，他们又基于委托代理理论分析管理层的代理行为，指出管理层的抗风险能力（如管理层的薪酬等）在管理层前景预期和创新性风险行为的关系中发挥着重要的调节作用。唐清泉和罗党论（2007）对中国上市公司 330 位辞职的独立董事进行了细致调查，结果显示独立董事辞职的根本原因是为了避免可能承担的风险，而且不同职业背景的独立董事对不同风险的感知力存在显著的差异。李华晶和邢晓东（2007）以中国电子业上市公司为样本，对高管团队背景特征、激励约束水平和公司创业战略三者之间的关系进行测度，结果表明高管团队激励约束水平显著调节了高管团队背景特征与公司创业战略之间的关系。唐清泉和甄丽明（2009）基于中国 436 家上市制造企业的样本数据，检验了管理层风险偏爱、薪酬激励与企业 R&D 投入三者之间的相关性。他们发现，薪酬激励在管理层风险偏爱与 R&D 投入之间发挥着重要的调节作用。基于以上研究成果，本书认为，高管团队背景特征与企业 R&D 投入的关系受到激励机制的影响，并据此提出以下假设：

H_3：激励机制在高管团队背景特征与企业 R&D 投入的关系中发挥着重要的调节作用。

H_{3a}：高管薪酬激励显著调节着高管团队背景特征与企业 R&D 投入之间的关系。

H_{3b}：高管股权激励显著调节着高管团队背景特征与企业 R&D 投入之间的关系。

H_{3c}：高管晋升激励显著调节着高管团队背景特征与企业 R&D 投入之间的关系。

第四章

研究方法设计

第一节 样本选取与数据收集

一、样本选取

在对“高新技术企业”的定义操作上，本书结合国家科技部制定的高新技术产业范围和中小企业板上市公司的行业属性，选取了易于判断为高新技术企业的石化塑胶行业、电子行业、机械设备行业、医药生物行业、信息技术行业上市公司作为研究的初始样本。在获得初始样本后，本书又依据以下标准对原始样本进行筛选：第一，剔除主营业务中高科技成分不明显的公司，如房地产等；第二，剔除已经退市、资不抵债以及所有权益为负的公司；第三，剔除数据不全的公司，如高管人员背景资料不齐以及相关财务数据和公司治理数据无法获取的公司；第四，剔除实际控制人性质不详的公司，由于本书需要区分不同类型公司（国有、非国有）的实际控制人对公司技术创新的影响，因此，若根据上市公司披露的实际控制人资料无法确定其是国有控股、民营控股、外资控股或其他控股的，本书就将其判断为实际控制人性质不详；第五，剔除重大资产重组后任职时间不足1年的高管人员数据，因为他们没有足够时间对公司当年的技术创新活动产生影响。同时，为了消除极端值的影响，本书还对处于1%以下和99%～100%之间的极端值样本进行剔除。经过筛选之后，本书最终得到了329个观测样本，具体见附录。

表4－1 样本特征的分布情况

项目	分组标准	样本量（个）	所占百分比
成立时间	5年及以下	153	46.67%
	6年～10年	56	17.14%
	11年～15年	85	25.71%
	15年以上	35	10.48%

（续上表）

项目	分组标准	样本量（个）	所占百分比
雇员人数	200 人及以下	19	5.71%
	201 人～500 人	66	20.00%
	500 人以上	224	74.29%
年销售收入	100 千万及以下	197	60.00%
	101 千万～300 千万	78	23.81%
	301 千万～500 千万	35	10.48%
	500 千万以上	19	5.71%

表4－1列示了样本特征的分布情况。从成立时间的分布情况来看，样本企业的成立时间分布较为均匀，成立时间在5年及以下的企业占总样本数的46.67%，6年以上的企业占53.33%。从雇员人数的分布情况来看，样本企业的人数规模较大，500人以上的大型企业占总样本数的74.29%，500人以下的中小型企业占25.71%。从企业年销售收入的分布情况来看，样本企业的销售收入较高，100千万及以下的占60.00%，101千万～300千万的占23.81%，301千万～500千万的占10.48%，500千万以上的占5.71%。从总体上看，本书的样本分布较为广泛、均匀。

二、高管人员的界定

目前，研究者对高管人员的界定并不清晰。在已有的研究文献中，公司所有高级管理人员、公司管理层、高级经理及公司创建者等都被看作高管人员。根据以往研究定义的范围以及考虑到数据的可得性，本书结合各上市公司年报中披露的高管信息，将高管人员界定为上市公司年报中披露的董事会成员、监事会成员以及其他高级管理人员等，具体包括：总经理、总裁、副总经理、副总裁、财务总监（或财务负责人）、总工程师、总经济师、董事会秘书等。

三、数据来源

本书使用的数据主要包括以下三大类：高管背景数据、公司治理数据和企业 R&D 投入数据。高管背景数据和企业 R&D 投入数据，主要是通过手工逐一对 329 家高新技术上市企业的年报数据进行检查、整理所得。公司治理数据主要来源于由北京大学中国经济研究中心和北京色诺芬公司联合开发的 CCER 中国经济金融数据库系统，以及由深圳国泰安信息技术有限公司开发的国泰安 CSMAR 财经精准数据库。对于高管背景数据和创新数据不全的，本书主要通过查询新浪网的财经频道（http://finance.sina.com.cn/）、搜牛财经搜索（http://search.10jqka.com.cn/）、金融界网站（http://www.jrj.com.cn/）以及相关公司网站等进行数据补充。

第二节 变量的设定与测量

一、企业 R&D 投入

企业 R&D 投入是影响企业技术创新活动和绩效的关键因素。随着 R&D 投入量的增加，企业的技术创新能力和产出效应也会逐渐增强。因此，本书选取企业在技术创新上的人力资源投入和经费投入来反映企业研发投入强度，从而也在一定层面上反映出高管层对企业技术创新活动的重视程度以及企业高管层的创新意愿。同时，本书采用科研人员占企业从业人员总数的比重（Per）来反映企业的人力资源投入状况，采用研发经费投入占销售收入的比重（Exp）来反映企业的科研经费投入状况。

虽然以投入和产出的双重视角来评价企业技术创新能够更全面地反映出企业技术创新的综合效应，但考虑到 R&D 投资项目具有跨期权衡性特点和信息不对称的问题，数据收集的难度较大，因此，本研究放弃使用新的 R&D 投资项目个数和效益作为企业技术创新产出的度量指标。

二、高管团队背景特征

根据本书的研究目的以及数据的可获得性，在参考 Bantel 和 Jackson（1989）、Zenger 和 Lawrence（1989）以及 Adams 和 Ferreira（2009）等研究的基础上，本书选取的高管团队特征值包括：高管团队年龄（Mage）、高管团队教育程度（Medu）、高管团队专业背景（Mspe）、高管团队职能背景（Mexp）、高管团队任期（Mtime）、高管团队性别比（Mgend）；异质性特征包括：年龄的异质性（Cage）、教育程度的异质性（Hedu）、专业背景的异质性（Hspe）、职能背景的异质性（Hexp）、任期的异质性（Ctime）和性别的异质性（Hgend）。

衡量高管团队背景特征异质性可以采取以下两种方法：

一是测量变量的标准差系数（Coefficient of Variation）。标准差系数又称变异系数或均方差系数，可以用来反映各观测值距中心值的相对离散程度，用符号 CV 表示，其计算公式为：

$$CV = \text{标准差} \div \text{平均值} \tag{4-1}$$

在 TMT 研究中，采用标准差系数来表征高管团队特征变量的异质性得到了学者们的普遍认同。Allison（1978）在比较了测量差异的各个指标后认为，由于标准差系数是一个比较恒定的测量指标，因此，在测量连续变量的异质性（如年龄、时间）时，要优于标准差和方差。标准差系数数值越大，表明高管团队成员的异质性程度越高。本书中高管团队的年龄异质性和任期异质性采用此方法计算。

二是计算变量的 Herfindal-Hirschman 系数，又称 Blau 系数。Blau 系数的计算公式如下：

$$H = 1 - \sum_{i=1}^{n} p_i^2 \tag{4-2}$$

其中：P_i 表示高管团队中第 i 类成员的人数占高管团队总人数的比例；H 表示高管团队异质性程度，取值界于 0～1 之间，H 值越大，说明高管团队内部的异质性程度越高。本书采用此方法来测量高管团队中教育程度、专业背景、职能背景和性别等不连续变量的异质性。

三、激励机制

企业技术创新是一项需要长期投入经费和人员的活动，并且有可能出现徒劳无功的风险和结果。因此，企业对高管人员的激励机制将直接影响到高管层进行创新活动和作出创新决策的积极性，从而作用于企业的创新产出。由前篇的理论综述可知，用单一维度衡量激励机制对企业技术创新的直接影响难以得出有意义的结论。其原因在于，激励机制是由多重因素构成的，研究中很难用某个单一的综合指标去揭示其对创新的真实效应。

因此，相关的研究应深入到激励机制的内部，对激励机制的维度进行分析和细化，同时对各维度的考察指标进行细致甄选。由此，本研究确定将激励机制分为薪酬激励、股权激励与晋升激励三个维度。在系统梳理相关文献资料后，本研究确定用以下指标对激励机制的各维度进行衡量：

高管薪酬激励（Pay），用董事、监事及高管前三名薪酬①的平均值来衡量，该指标以“元”为单位。

高管股权激励（Sto），用高管人员持股比例来衡量，该指标以“百分比”为单位。

高管晋升激励（PG），在借鉴前人研究成果的基础上，本书用高管层内的薪酬差距来反映企业的晋升激励机制。由于高管层中董事长和总经理与其他高管的薪酬差距十分大（Lambert 等，1993），因此，本书将高管层划分为两个层级：董事长与总经理属于 CEO 层级②，其余高管人员属于非 CEO 层级，并以董事长和总经理薪酬的平均值与其余高管人员薪酬平均值的差距作为高管层内薪酬差距。鉴于目前我国上市公司的年报中并未要求单独披露总经理和董事长的薪酬，CEO 层级与非 CEO 层级的薪酬差距无法直接得出，因此，本书用“前三名高管的薪酬总额”与“前三名董事的薪酬总额”之和除以 6 作为 CEO 的薪酬，并用“董事、监事及高管年薪总额”减去 CEO 薪酬再除以相应的人数作为非 CEO 的薪酬。该指标以“元”为单位。

四、控制变量

为了使检验更准确，本研究对其他可能影响到企业 R&D 投入的因素加以控制。参考以往的文献成果，本书选择的控制变量包括：实际控制人类型（Owner）、企业年龄（Age）、企业规模（Size）等。

---

① 本文所指的薪酬是指年报中披露的年度货币薪酬总额。

② 鲁海帆（2010）认为，当董事长和 CEO 两职合一且同时从公司获得两份薪酬时，若将 CEO 一人的薪酬与其余高管人员平均薪酬相减得出的薪酬差距会非常大。因此，将总经理与董事长同时视为 CEO，以两者薪酬的平均值作为 CEO 薪酬，这种做法有助于解决这一问题。当董事长和 CEO 的两职合一且只从公司获得一份薪酬时（例如董事长一职不拿薪酬），尽管此时董事长一职的薪酬水平无法获得，但可以用董事会中最高的薪酬水平（即“前三名董事的薪酬总额”的均值）来代替董事长的薪酬。

1. 实际控制人类型①

上市公司的实际控制人类型，是描述公司重大决策和经营方针受谁控制的最佳变量。将这一变量设置为哑变量，其中“0”代表实际控制人为国有的企业，简称国有企业；“1”代表实际控制人为非国有（包括民营、集体、外资、社会团体、职工持股会等）的企业，简称非国有企业。

2. 企业年龄

企业的结构刚性和组织惯性是随着企业年龄的增长而增长的（熊胜华和方晓波，2010），创办时间较长的企业有更充裕的时间来积累知识，因而拥有更多的创新产出（Sorensen & Stuart，2000）。因此，企业年龄将在一定程度上对企业技术创新产生影响。在具体的操作化定义上，学界的普遍做法是，用研究的观测年份与企业创办年份的差额作为企业年龄。但本书认为，我国企业的资产规模、治理结构、组织管理等在企业上市前后会发生很大变化，因此，将企业上市至今的时间作为控制变量比企业创建至今的时间更具意义。

3. 企业规模

经济学和组织理论都强调，企业规模对企业技术创新的重要影响。许多实证研究也都证实了企业规模与企业技术创新之间存在着显著的相关性。然而，企业规模究竟如何影响企业技术创新，这在不同的研究中差别很大。有研究表明，企业规模越大，越有利于创新（Schumpeter，1942；Cohen & Levinthal，1990）；也有研究表明，大公司在R&D竞赛中并不具备优势（Kamien & Schwartz，1978），特别是在高科技企业中，R&D人员比重、R&D经费投入与企业规模显著负相关（Shefer & Frenkel，2005）。但就企业规模对企业技术创新的影响而言，学界一致认为企业技术创新的分析有必要对企业规模进行控制（Cohen & Levinthal，1990）。

在具体的实证操作上，Hansen 和 Hill（1991）提出，将企业规模作为企业技术创新的控制变量时可用销售收入的自然对数值来进行衡量，因为销售收入的自然对数值比销售收入本身的数据更接近正态分布。本研究借鉴 Hansen 和 Hill（1991）的做法，用上市公司年报中所披露的年末销售收入净值（Sale）的自然对数（lnsale）来衡量企业规模。

4. 变量设计与测量

本文的变量设计与测量详见表 4-2。

---

① 本文对“实际控制人”和“最终控制人”不加区分。

表4-2　变量设计与测量

分类	变量	代码	变量定义
高管团队背景特征	高管团队平均年龄	Mage	是指上市公司所有高管的平均年龄。
	高管团队平均学历	Medu	是指上市公司所有高管的平均学历水平。其中，高中或中专以下为1，大专为2，本科为3，硕士为4，博士为5。
	高管团队专业背景	Mspe	是指高管团队中具有科学工程专业背景的成员比重。
	高管团队职能背景	Mexp	是指高管团队中具有研发背景的成员比重。
	高管团队平均任期	Mtime	是指上市公司所有高管担任现职的平均任职时间。
	高管团队性别比	Mgend	是指上市公司高管团队中的男性比例。
高管团队背景特征异质性	年龄异质性	Cage	所有高管年龄的标准差系数，根据公式4-1进行计算。
	教育程度异质性	Hedu	高管团队的教育程度是指高管团队成员的学历水平。其中，高中或中专以下为1，大专为2，本科为3，硕士为4，博士为5。教育程度异质性在上述赋值的基础上，根据H指数公式（即公式4-2）进行计算。
	专业背景异质性	Hspe	先对高管团队的专业背景赋值，1为科学工程（理学、工学、农学和医学），2为经济管理（经济学、管理学），3为文学艺术（哲学、文学、历史学），4为法律（法学），5为其他（教育学和军事学及无教育专业者）。专业背景的异质性在上述赋值的基础上，根据H指数公式（即公式4-2）进行计算。
	职能背景异质性	Hexp	先对高管团队的职能背景赋值，1为生产制造，2为研发，3为金融财会，4为市场营销（包括贸易、进出口），5为法律，6为行政管理（包括党务、共青团、工会等），7为政府职员。职能背景的异质性在上述赋值的基础上，根据H指数公式（即公式4-2）进行计算。
	任期异质性	Ctime	所有高管任现职以来任职时间的标准差系数。根据公式4-1进行计算。
	性别异质性	Hgend	先对高管团队成员的性别赋值，1代表男性，0代表女性，然后根据H指数公式（即公式4-2）进行计算。

（续上表）

分类	变量	代码	变量定义
控制变量	企业规模	Size	用上市公司年报中所披露的年末销售收入净值（Sale）的自然对数（lnsale）来衡量。
	企业上市时间	Time	企业首次上市时间至今的年限。
	实际控制人类型	Owner	企业的实际控制人为政府的取值为1，否则为0。
高管激励	高管薪酬激励	Pay	董事、监事及高管前三名薪酬的平均值。
	高管股权激励	Sto	高管持股比例。
	高管晋升激励	PG	董事长与总经理薪酬的平均值与其余高管人员薪酬的平均值的差距作为高管层内薪酬差距。
技术创新	科研人员比重	Per	科研人员占企业从业人员总人数的百分比。
	R&D 投资强度	Exp	R&D 经费投入占企业销售收入的百分比。

第三节 数据分析方法

基于研究目的并受限于样本取样的条件，本书以激励机制为调节变量，对高管团队背景特征的异质性与企业技术创新之间的关系进行了研究和探讨，并利用 Excel 2003 和 Spss 18.0 软件完成了数据分析。本书所用的统计分析方法包括：描述性统计分析、单因素方差分析、相关分析、多元线性回归分析等。

一、描述性统计分析

本研究将在这一部分对样本数据的资料和背景进行描述性统计分析（Descriptive Statistics），具体的统计量包括：样本总数、最小值、最大值、均值、标准差、方差、偏度和峰度等基本信息，以了解高管团队样本的构成及其他情况。

二、相关分析

相关分析是研究变量之间密切程度的一种统计方法。它可以反映出当控制了其中一个变量的取值后，另一个变量的变异程度。为了探讨高管团队背景特征的异质性、激励机制与企业技术创新这三个变量之间的相互关系，本书使用相关分析方法，验证高管团队背景特征的异质性与激励机制、激励机制与企业技术创新之间是否存在显著的相关性，并结合回归分析进行研究。

三、单因素方差分析

单因素方差分析（One-way ANOVA）可检验因变量的均值在单个控制因素的各个水平下是否存在显著差异，或者说检验各个水平下的数据是否来自同一个总体。本书将对高管团队背景特征、激励机制和企业技术创新分别进行方差分析，在方差分析结果显著的基础上再进行两两比较，以便找出具体的差异变量。

四、回归分析

在初步相关分析的基础上，本研究在分析高管团队背景特征、激励机制与企业技术创新之间的关系时，采用逐步进入（Stepwise）的回归分析方法进行分析。采用逐步回归法主要基于以下考虑：第一，逐步回归法是一种较为成熟、使用广泛的回归分析方法；第二，逐步回归法能够有效地克服变量之间的多重共线性问题；第三，虽然本研究事先已经建立了相关假设，但仍不能确定各个变量之间的重要性层次，利用强迫进入法建立的回归方程不能通过显著性检验，而逐步回归法却能够根据研究设计的需要，较好地控制研究结果。

第四节　变量的描述性统计

本书分别对高管团队背景特征及其异质性、激励机制和企业 R&D 投入这三个变量进行描述性统计分析，具体的统计量包括最小值、最大值、均值、标准差、方差、偏度和峰度等基本信息，各变量的描述性统计分析分别见下表 4－3、4－4、4－5、4－6。

一、高管团队背景特征及其异质性的描述性统计分析

表 4-3 高管团队背景特征及其异质性各因素的描述性统计分析

因素	最小值	最大值	均值	标准差	方差	偏度	峰度
Mage	41.00	54.79	47.55	3.19	10.14	0.10	-0.49
Medu	2.38	4.14	3.52	0.32	0.10	-0.61	0.60
Mspe	5.90	85.00	49.48	18.00	323.83	-0.28	-0.59
Mexp	0.00	69.20	20.34	15.16	229.80	0.64	0.06
Mtime	2.85	9.50	5.63	1.45	2.10	0.46	-0.06
Mgend	0.54	1.00	0.84	0.10	0.01	-0.45	0.04
Cage	0.01	0.29	0.17	0.05	0.00	-0.25	0.78
Hedu	0.23	0.77	0.60	0.09	0.01	-1.10	2.53
Hspe	0.22	0.67	0.49	0.08	0.01	-0.60	1.10
Hexp	0.49	0.84	0.74	0.07	0.01	-1.50	2.80
Ctime	0.00	0.80	0.46	0.17	0.03	-0.50	0.51
Hgen	0.00	0.50	0.26	0.13	0.02	-0.37	-0.52

样本数 N=329

由表 4-3 可知，高新技术上市企业高管团队平均年龄为 47.5 岁；学历水平介于本科和硕士之间；具有科学工程背景的员工人数占高管团队总人数的 49%；具有研发背景的员工人数占高管团队总人数的 20%；高管团队的平均任职时间大约在 5~6 年；大约 83% 的高管为男性，甚至有些企业高管全部为男性。在高管团队背景特征的异质性表现上，各因素的均值介于 0.17~0.74，标准差介于 0.05~0.17，说明各企业管理层的构成情况差异不大。

Kline（1998）认为，当偏度（Skewness）绝对值小于 3、峰度（Kurtosis）绝对值小于 10 时，样本数据可视为基本服从正态分布。从表 4-3 中我们可以看出，高管团队背景特征的偏度介于 -1.50~0.46 之间、峰度介于 -0.52~2.80之间，样本数据的偏度和峰度的绝对值都在 3 以内。因此，样本数据基本服从正态分布，可进行下一步的数据分析。

二、高管激励的描述性统计分析

表4-4 激励机制各因素的描述性统计分析

因素	代码	最小值	最大值	均值	标准差	方差	偏度	峰度
高管薪酬激励	Pay	3.35	314.57	45.60	37.71	1 421.81	3.92	24.40
高管股权激励	Sto	0.00	91.30	19.14	26.73	714.58	1.12	-0.13
高管晋升激励	PG	2.1	155.97	24.24	20.84	434.43	3.23	16.00

样本数 N=329

本研究对高管薪酬激励和高管晋升激励这两个因素进行分析时，是以上市公司年报中披露的年度货币薪酬总额作为代理和解释。从表4-4中我们可以看出，样本数据中的高管薪酬激励和高管晋升激励两个因素的偏度和峰度出现严重的偏差，偏度的绝对值大于3、峰度的绝对值大于10，这可能是由于少数公司高管的薪酬水平偏高导致的结果。这一点也反映在高管薪酬激励和高管晋升激励的均值、最小值、最大值和标准差上。在表4-4中我们可以看到，高管薪酬激励的均值为45.60、范围在3.35到314.57之间、标准差为37.71，高管晋升激励的均值为24.24、范围在2.10到155.97之间、标准差为20.84，可见各企业高管团队之间的薪酬水平有较大差异。

为了顺利进行下一步数据分析，本研究剔除了一个偏离程度较高的样本数据，得到了修正后的激励机制各因素的描述性统计分析值（见下表4-5）。修正后的样本数据，样本数为328个，偏度的绝对值小于2、峰度的绝对值小于5，基本服从正态分布。

表4-5 修正后的高管激励各因素的描述性统计分析

因素	代码	最小值	最大值	均值	标准差	方差	偏度	峰度
修正后的高管薪酬激励	Pay	3.35	138.32	43.01	26.95	726.46	1.29	1.70
修正后的高管股权激励	Sto	0.00	91.30	19.32	26.79	717.97	1.11	-0.16
修正后的高管晋升激励	PG	2.10	99.12	22.97	16.39	268.55	1.82	4.96

样本数 N=329

三、企业 R&D 投入的描述性统计分析

从下表 4-6 中我们可以看出，企业 R&D 投入各因素的偏度介于 -0.16 ~ 2.30、峰度介于 -1.06 ~ 7.36，样本数据偏度的绝对值小于 3、峰度的绝对值小于 8。因此，样本数据无严重偏差并基本服从正态分布，可以作进一步的数据分析。

具体到企业 R&D 投入的因素层面，我们可以看出，科研人员比重的均值为 44.57、范围在 4.81 到 91.99 之间、标准差为 23.56，R&D 投资强度的均值为 7.04、范围在 0.01 到 39.11 之间、标准差为 6.51，说明各样本企业在科研人员配置和 R&D 经费投入方面存在较大差异。

表 4-6 企业 R&D 投入各因素的描述性统计分析

因素	代码	最小值	最大值	均值	标准差	方差	偏度	峰度
科研人员比重	Per	4.81	91.99	44.57	23.56	554.84	0.16	-1.06
R&D 投资强度	Exp	0.01	39.11	7.04	6.51	42.33	2.30	7.36

样本数 N = 329

第五节 变量间的相关性及差异性

一、变量间的相关性

为了验证本研究构思的高管背景特征及其异质性、激励机制和企业 R&D 投入这三个变量之间的相互关系，本研究从因素层面对这些变量进行了相关分析。通过相关分析，我们可以找到各研究变量之间是否存在某种内在联系，并对有内在关系的变量探讨其相关方向以及相关程度。

变量间的相关程度可由相关系数来度量。一般认为，相关系数小于 0.1 时视为低相关，相关系数在 0.1 ~ 0.3 之间为中等相关，相关系数达到 0.5 以上时视为高相关。考虑到变量数据的类型差异，本研究采用不同的相关系数来度量高管团队背景特征与企业 R&D 投入各变量之间的相关性。对于服从正态分布的定量变量，本研究选择 Pearson 相关系数来表征变量之间的相关性。对于服从正态分布具有已排序类别的变量数据，本研究则

选择了 Kendall 的 *tau_ b* 相关系数，用以度量秩次之间的相关性。具体的分析结果如表 4－7、4－8 所示。

由表 4－7、4－8 可知，有些研究变量之间存在较强的相关关系，显著性水平在 0.01 以下，而有些变量则显示出弱相关性。这主要是由于相关系数的显著性会受到许多因素的干扰，例如，样本大小、抽样方法等。因此，即使两个变量之间无关联，也可能由于抽样误差或研究设计错误而得到相当大的相关系数。同样，显著的相关系数也仅仅从表面说明了两个变量间的初步关系，系统、综合的影响还必须通过假设检验进行更深入的分析。

二、变量间的差异性

本节主要利用单因素方差分析探究高科技上市公司的高管团队背景特征及其异质性、激励机制和企业 R&D 投入是否存在显著差异，找出具体的差异特征。主要的分析方法是：首先对样本企业进行单因素方差分析，验证各变量之间是否存在显著性差异，然后对方差检验显著的变量再进行两两比较。

表 4-7　主要研究变量的相关系数矩阵[a]

序号	变量	1	2	3	4	5	6	7	8	9	10	11	12	13	14
1	科研人员比重	1.00													
2	R&D 投资强度	0.37**	1.00												
3	高管团队年龄	-0.13	-0.37**	1.00											
4	高管团队学历	0.25**	0.04	0.03	1.00										
5	科学工程背景人员比重	0.43**	0.24**	-0.11	0.15	1.00									
6	研发背景人员比重	0.23*	0.21*	0.04	0.28**	0.60**	1.00								
7	高管团队任期	0.08	-0.08	0.24*	0.00	0.12	0.08	1.00							
8	高管团队性别比	0.03	-0.15	0.17	0.16	0.18	0.23*	0.25*	1.00						
9	高管薪酬激励	0.08	-0.03	0.11	0.19	-0.08	-0.11	0.22*	0.07	1.00					
10	高管股权激励	0.16	0.13	-0.57**	-0.04	0.32**	0.02	0.02	-0.07	-0.13	1.00				
11	高管晋升激励	0.08	0.00	0.07	0.15	-0.14	-0.09	0.16	0.03	0.92**	-0.11	1.00			
12	实际控制人类型	0.03	0.30**	-0.46**	-0.21*	0.06	-0.11	-0.13	-0.10	-0.13	0.52**	-0.06	1.00		
13	企业上市时间	-0.20*	-0.35**	0.54	0.00	-0.37**	-0.15	0.06	0.01	0.16	-0.65**	0.14	-0.46**	1.00	
14	企业规模	-0.17	-0.45**	0.41**	0.13	-0.09	-0.03	0.19	0.22*	0.30**	-0.44**	0.24*	-0.40**	0.43**	1.00

注：a. 此表为高管团队背景特征、高管激励与企业 R&D 投入的相关系数矩阵。

** 表示在 0.01 水平（双侧）上显著相关；* 表示在 0.05 水平（双侧）上显著相关。

表4－8 主要研究变量的相关系数矩阵[b]

序号	变量	1	2	3	4	5	6	7	8	9	10	11	12	13	14
1	科研人员比重	1.00													
2	研发投资强度	0.37**	1.00												
3	年龄的异质性	0.00	0.15	1.00											
4	教育程度的异质性	−0.16	−0.01	−0.09	1.00										
5	专业背景的异质性	0.03	−0.08	0.09	0.05	1.00									
6	职能背景的异质性	0.18	0.04	0.23*	−0.12	0.32**	1.00								
7	任期的异质性	−0.06	0.02	−0.07	−0.06	0.04	0.04	1.00							
8	性别的异质性	−0.01	0.10	0.15	0.02	0.06	0.21*	0.00	1.00						
9	高管薪酬激励	0.08	−0.03	0.00	−0.12	0.11	0.11	0.18	−0.05	1.00					
10	高管股权激励	0.16	0.13	0.11	0.01	−0.10	−0.05	−0.05	0.08	−0.14	1.00				
11	高管晋升激励	0.08	0.00	0.06	−0.04	0.13	0.08	0.10	−0.01	0.92**	−0.11	1.00			
12	实际控制人类型	0.03	0.30**	0.32**	−0.01	−0.03	−0.10	−0.02	0.11	−0.13	0.52**	−0.06	1.00		
13	企业上市时间	−0.20*	−0.35**	−0.14	0.02	0.16	−0.02	0.15	0.00	0.16	−0.65**	0.14	−0.46**	1.00	
14	企业规模	−0.17	−0.45**	−0.22*	−0.04	−0.06	0.01	0.23*	−0.19*	0.30*	−0.44**	0.24*	−0.40**	0.43**	1.00

注：b. 此表为高管团队背景特征的异质性、高管激励与企业R&D投入的相关系数矩阵。

** 表示在0.01水平（双侧）上显著相关；* 表示在0.05水平（双侧）上显著相关。

表4-9 高管团队背景特征及其异质性的方差分析

序号	特征	控制因素	*F*	*Sig.*
1	高管团队平均年龄	销售收入	6.92	0.00
		雇员人数	0.76	0.47
		上市时间	13.26	0.00
2	高管团队平均学历	销售收入	0.94	0.42
		雇员人数	0.31	0.74
		上市时间	0.06	0.98
3	科学工程背景的人员比重	销售收入	0.90	0.52
		雇员人数	0.89	0.41
		上市时间	5.91	0.00
4	研发背景的人员比重	销售收入	0.60	0.77
		雇员人数	1.15	0.32
		上市时间	1.71	0.17
5	高管团队平均任期	销售收入	0.60	0.62
		雇员人数	1.15	0.32
		上市时间	2.32	0.08
6	高管团队性别比	销售收入	0.31	0.82
		雇员人数	1.07	0.35
		上市时间	2.61	0.06
7	高管团队年龄的异质性	销售收入	0.28	0.84
		雇员人数	1.83	0.17
		上市时间	0.83	0.48
8	高管团队教育程度的异质性	销售收入	0.76	0.52
		雇员人数	2.51	0.09
		上市时间	0.33	0.80

（续上表）

序号	特征	控制因素	*F*	*Sig.*
9	高管团队专业背景的异质性	销售收入	0.60	0.62
		雇员人数	2.36	0.10
		上市时间	1.45	0.23
10	高管团队职能背景的异质性	销售收入	0.31	0.82
		雇员人数	2.05	0.13
		上市时间	1.02	0.39
11	高管团队任期异质性	销售收入	1.37	0.26
		雇员人数	0.40	0.67
		上市时间	1.28	0.28
12	高管团队性别异质性	销售收入	0.33	0.81
		雇员人数	1.32	0.27
		上市时间	2.49	0.07

同时，本研究还为单因素方差分析设置了三个控制因素：企业年末销售收入净值、企业雇员人数和企业上市时间。具体分组情况如下：企业年末销售收入净值共分 4 组，年销售收入在 100 千万元及以下的为“1”、101 千万元~300 千万元的为“2”、301 千万元~500 千万元的为“3”、500 千万元以上的为“4”。企业雇员人数分为 3 组，雇员人数在 200 人及以下的为“1”、201~500 人的为“2”、500 人以上的为“3”。企业上市时间分为 4 组，上市时间在 5 年及以下的为“1”、6~10 年的为“2”、11~15 年的为“3”、15 年以上的为“4”。

1. 高管团队背景特征及其异质性的方差分析

表 4-9 反映了高管团队背景特征及其异质性方差分析的部分输出结果。由表 4-9 的数据可知，在销售收入和上市时间的不同水平下，样本企业在高管团队平均年龄的均值上存在着显著差异（*Sig.*=0.00，$P<0.05$），即高管团队的平均年龄在销售收入和上市时间的不同水平下差异显著。在上市时间的不同水平下，样本企业在科学工程背景人员所占比重的均值上存在着显著差异（*Sig.*=0.00，$P<0.05$），即高管团队中科学工程背景人员所占比重在上市时间的不同水平下具有显著差异。

由以上分析可知，在0.05的显著水平下，销售收入和上市时间的不同对高管团队的平均年龄以及上市时间的不同对高管团队中科学工程背景人员所占比重有着显著影响。接下来，本研究将进一步分析这种显著的差异到底是怎么造成？

表4-10 方差分析的多重比较[a,b]

(I) 销售收入	(J) 销售收入	Mean Difference (I-J)	Std. Error	*Sig.*
1	2	-2.69*	0.70	0.00
	3	-1.99*	0.96	0.04
	4	-3.40*	1.26	0.01
2	1	2.69*	0.70	0.00
	3	0.71	1.07	0.51
	4	-0.71	1.34	0.60
3	1	1.99*	0.96	0.04
	2	-0.71	1.07	0.51
	4	-1.41	1.49	0.35
4	1	3.40*	1.26	0.01
	2	0.71	1.34	0.60
	3	1.41	1.49	0.35

a. Dependent Variable：高管团队平均年龄。

b. *表示 $p<0.05$（双尾检验）。

从表4-10方差分析的两两比较数据来看，销售收入对高管团队平均年龄的显著影响，主要是由于年销售收入在100千万元及以下的样本企业在高管团队平均年龄上的明显差异所造成的。

表 4 - 11　方差分析的多重比较[a,b]

(I) 上市时间	(J) 上市时间	Mean Difference (I-J)	Std. Error	*Sig.*
1	2	-2.10*	0.75	0.01
	3	-3.59*	0.66	0.00
	4	-3.99*	0.91	0.00
2	1	2.10*	0.75	0.01
	3	-1.49	0.83	0.08
	4	-1.89	1.05	0.08
3	1	3.59*	0.66	0.00
	2	1.49	0.83	0.08
	4	-0.40	0.98	0.68
4	1	3.99*	0.91	0.00
	2	1.89	1.05	0.08
	3	0.40	0.98	0.68

a. Dependent Variable：高管团队平均年龄。

b. * 表示 $p<0.05$（双尾检验）。

从表 4 - 11 方差分析的两两比较数据来看，上市时间对高管团队平均年龄有显著影响，主要是因为企业上市时间在 5 年及以下的样本企业在高管团队平均年龄上存在明显差异。

表 4 - 12　方差分析的多重比较[a,b]

(I) 上市时间	(J) 上市时间	Mean Difference (I-J)	Std. Error	*Sig.*
1	2	0.38	4.64	0.94
	3	10.42*	4.04	0.01
	4	20.46*	5.62	0.00

（续上表）

(I) 上市时间	(J) 上市时间	Mean Difference (I-J)	Std. Error	*Sig.*
2	1	-0.38	4.64	0.94
	3	10.04	5.12	0.05
	4	20.08*	6.45	0.00
3	1	-10.42*	4.04	0.01
	2	-10.04	5.12	0.05
	4	10.05	6.02	0.10
4	1	-20.46*	5.62	0.00
	2	-20.08	6.45	0.00
	3	-10.05	6.02	0.10

a. Dependent Variable：科学工程背景的人员比重。

b. *表示 $p<0.05$（双尾检验）。

从表4-12方差分析的两两比较数据来看，上市时间对高管团队中具有科学工程背景的人员比重有显著影响，主要是因为上市时间在5年及以下的样本企业与上市时间在11~15年及15年以上的样本企业之间在高管团队专业背景上存在明显差异。同时，上市时间在6~10年及11~15年的样本企业在高管团队专业背景上也存在较大差异。

2. 高管激励的方差分析

表4-13 高管激励的方差分析

序号	特征	控制因素	*F*	*Sig.*
1	高管薪酬激励	销售收入	2.95	0.04
		雇员人数	5.50	0.01
		上市时间	2.36	0.08
2	高管股权激励	销售收入	4.92	0.00
		雇员人数	2.81	0.07
		上市时间	25.03	0.00

（续上表）

序号	特征	控制因素	*F*	*Sig.*
3	高管晋升激励	销售收入	1.80	0.15
		雇员人数	3.55	0.03
		上市时间	2.12	0.10

表4－13反映了激励机制方差分析的部分输出结果。由表4－13的数据可知，在年销售收入和雇员人数的不同水平下，样本企业高管薪酬激励的均值存在显著差异。在年销售收入和上市时间的不同水平下，样本企业高管股权激励的均值存在显著差异。样本企业的高管晋升激励均值只在不同水平的雇员人数上存在差异，而在其他控制因素的不同水平上均无显著差异。

表4－14　方差分析的多重比较[a]

（I）销售收入	（J）销售收入	Mean Difference (I-J)	Std. Error	*Sig.*
1[b]	2	－10.71	6.21	0.09
	3	－19.77*	8.58	0.02
	4	－20.24	11.21	0.07
（I）雇员人数	（J）雇员人数			
3[b]	1	29.53*	10.96	0.01
	2	14.33*	6.36	0.03
（I）销售收入	（J）销售收入			
1[c]	2	15.34*	5.99	0.01
	3	21.70*	8.28	0.01
	4	26.55*	10.83	0.02
（I）上市时间	（J）上市时间			
1[c]	2	27.51*	5.66	0.00
	3	37.33*	4.92	0.00
	4	37.31*	6.85	0.00

（续上表）

（I）销售收入	（J）销售收入	Mean Difference（I-J）	Std. Error	*Sig.*
（I）雇员人数	（J）雇员人数			
1[d]	2	-9.26	7.41	0.21
	3	-15.62*	6.78	0.02

a. *表示 $p < 0.05$（双尾检验）。

b. Dependent Variabl：高管薪酬激励。

c. Dependent Variabl：高管股权激励。

d. Dependent Variabl：高管晋升激励。

从表4-14输出数据来看，高管薪酬激励在不同销售收入水平上差异显著，主要是因为销售收入在100千万元及以下的样本企业和销售收入在301千万元~500千万元之间的样本企业在高管薪酬激励上具有明显差异。高管薪酬激励在不同雇员人数水平上的显著差异，主要是因为雇员人数在500人以上的样本企业在高管薪酬激励上具有明显差异。

高管股权激励在销售收入不同水平上的显著差异，主要是因为销售收入在100千万元及以下的样本企业在高管股权激励上存在明显差异。高管股权激励在企业上市时间不同水平上的显著差异，主要是因为上市时间在5年及以下的样本企业在高管股权激励上存在明显差异。

高管晋升激励在雇员人数不同水平上的显著差异，主要是因为雇员人数在200人及以下的样本企业和雇员人数在500人以上的样本企业在高管晋升激励方面具有较大差异。

3. 企业R&D投入的方差分析

表4-15 企业R&D投入的方差分析

序号	特征	控制因素	*F*	*Sig.*
1	科研人员比重	销售收入	1.92	0.13
		雇员人数	0.34	0.71
		上市时间	1.67	0.18

（续上表）

序号	特征	控制因素	*F*	*Sig.*
3	R&D 投资强度	销售收入	7.88	0.00
		雇员人数	0.41	0.66
		上市时间	6.55	0.00

表 4－15 反映了企业 R&D 投入方差分析的部分输出结果。由表 4－15 的数据可知，在年销售收入和上市时间的不同水平下，样本企业技术创新在 R&D 投资强度的均值上存在显著差异，而科研人员比重在三类控制因素的不同水平上均无显著差异。

表 4－16　方差分析的多重比较[a,b]

（I）销售收入	（J）销售收入	Mean Difference（I-J）	Std. Error	*Sig.*
1	2	4.69*	1.40	0.00
	3	5.85*	1.94	0.00
	4	8.38*	2.54	0.00
（I）上市时间	（J）上市时间			
1	2	4.45*	1.66	0.00
	3	5.50*	1.45	0.00
	4	5.61*	2.02	0.01

a. Dependent Variable：研发投资强度。

b. * 表示 $p<0.05$（双尾检验）。

从表 4－16 输出数据来看，企业 R&D 投资强度在不同销售收入水平上的显著差异，主要是由于销售收入在 100 千万元及以下的样本企业在 R&D 投资强度上的较大差异所造成的。企业 R&D 投资强度在不同雇员人数上的显著差异，主要是由雇员人数在 200 人及以下的样本企业在 R&D 投资强度上的较大差异所造成的。

第五章

实证检验结果与分析

第一节　高管团队背景特征与企业研发投入

本节将在前面统计分析的基础上建立多元线性回归方程，并利用 SPSS 18.0 软件，采用普通的最小二乘法对高管薪酬激励、高管股权激励、高管晋升激励和高管团队背景特征及其异质性的各个自变量与企业 R&D 投入的各个变量之间进行回归拟合，并采用标准参数检验来确定其显著性。在建立回归模型之前，必须先考察自变量之间是否存在多重共线性。

一、变量的多重共线性分析及诊断

多重共线性（Multicollinearity）是指在多元线性回归模型中的自变量之间存在密切的线性相关关系。多重共线性的存在会使得系数估计的标准误差增大，从而导致模型的预测精度大大降低。我们将无法确定任一自变量对因变量的影响程度，单个系数的符号也可能与实际不符。本研究利用容限（Tolerance）、方差膨胀因子（VIF）、特征值（Eigenvalue）和条件指数（Condition Index）四种方法对自变量与控制变量间的多重共线性问题进行诊断。容限越小，表明该变量与其他变量的相关性越强。一般认为，当容限小于 0.1 时，表明该变量与其他变量之间的多重共线性超过了容许界限（何晓群，1998）。VIF 的值越大，变量之间的多重共线性问题就越严重。当 VIF 的值大于 2 时，说明变量之间可能存在共线性的问题；当 VIF 的值大于 10 时，则表明变量间存在严重的共线性问题。当有的特征值接近于 0 时，表明变量间具有高度的相关性，数据值的改变可能导致系数估计的较大改变。当条件指数大于 15 时，说明变量之间可能存在共线性问题；当条件指数大于 30 时，说明变量之间存在严重的共线性问题。

表5-1 变量的多重共线性统计分析及诊断结果[a,b]

Model	Dimension	Collinearity Statistics		Collinearity Diagnostics	
		Tolerance	VIF	Eigenvalue	Condition Index
1	(Constant)			14.30	1.00
	Mage	0.56	1.80	0.59	4.92
	Medu	0.69	1.44	0.45	5.63
	Mspe	0.46	2.19	0.20	8.52
	Mexp	0.48	2.10	0.13	10.33
	Mtime	0.78	1.28	0.10	11.80
	Mgend	0.04	23.20	0.06	15.38
	Cage	0.75	1.33	0.05	16.91
	Hedu	0.91	1.11	0.05	17.86
	Hspe	0.72	1.39	0.03	24.10
	Hexp	0.57	1.74	0.02	28.01
	Ctime	0.84	1.19	0.01	37.87
	Hgen	0.04	23.01	0.01	48.53
	Own	0.44	2.27	0.00	67.59
	Time	0.44	2.27	0.00	97.58
	Size	0.66	1.51	0.00	239.18

a. Dependent Variable：科研人员比重。

b. 此表数据来源于高管团队背景特征各变量对科研人员比重的回归结果，因篇幅问题其他分析数据不列。

表5-1中显示了高管团队背景特征及其异质性的各自变量和控制变量的多重共线性统计分析结果。从容限值的输出结果来看，高管团队性别比和性别异质性的容限值最小，都为0.04（小于0.10），说明这两个变量的变化程度有95.7%是可以通过其他变量来解释的。从VIF值的输出结果来看，高管团队性别比和性别异质性的VIF值分别为23.20和23.01，远大于临界值10，说明这两个变量存在着严重的多重共线性问题。科学工程背景的人员比重和研发背景的人员比重的VIF值分别为2.19和2.10，说明这两个变量可能存在一定的共线性。在控制变量中，实际控制人类型和企

业上市时间的 VIF 值都为 2. 27，说明这两个变量也可能存在共线性问题。

从表 5 - 1 的共线性诊断结果可以看出，此回归模型的 16 个维度中有半数以上的特征值接近于 0，这表明变量之间存在着高度的线性相关，即相关自变量的微小变动都可能导致回归系数估计值的较大波动。与此相对应，有半数以上自变量的条件指数大于 15，这也进一步印证了该模型的高度共线性。

二、高管团队背景特征与企业 R&D 投入的回归分析

由上述变量的多重共线性分析及诊断的输出结果可知，变量之间存在多重共线性问题。因此，本研究将把高管团队背景特征及其异质性的各个因素作为自变量，并分别把科研人员比重、R&D 投资强度作为因变量，运用多元线性回归分析中的逐步回归法进行分析，得到 5 个回归模型，具体的回归分析结果如表 5 - 2、5 - 3 所示。从表 5 - 2 的模型 1、模型 2、模型 3 以及表 5 - 3 的模型 4、模型 5 来看，容限值（Tolerance）大于 0. 1 且方差膨胀因子值（VIF）小于 2，表明所得的回归模型均不存在多重共线性问题。

表 5 - 2 回归系数及显著性检验

Model		Unstandardized Coefficients		Standardized Coefficients	*t*	*Sig.*	Collinearity Statistics	
		B	Std. Error	Beta			Tolerance	VIF
1[a]	(Constant)	(Constant)	−31. 75	23. 12		−1. 37	0. 17	
	Mspe	0. 52	0. 12	0. 40	4. 52	0. 00	0. 98	1. 02
	Medu	14. 33	6. 58	0. 19	2. 18	0. 03	0. 98	1. 02
2[a]	(Constant)	−82. 90	34. 40		−2. 41	0. 02		
	Mspe	0. 50	0. 12	0. 38	4. 33	0. 00	0. 97	1. 04
	Medu	16. 45	6. 58	0. 22	2. 50	0. 01	0. 95	1. 05
	Hexp	61. 15	30. 81	0. 17	1. 99	0. 05	0. 97	1. 04

（续上表）

Model		Unstandardized Coefficients		Standardized Coefficients	t	*Sig.*	Collinearity Statistics	
		B	Std. Error	Beta			Tolerance	VIF
3[b]	(Constant)	41.91	8.69		4.82	0.00		
	Mage	-0.78	0.18	-0.38	-4.25	0.00	1.00	1.00
	Mexp	0.10	0.04	0.23	2.55	0.01	1.00	1.00

a. Dependent Variable：科研人员比重。

b. Dependent Variable：R&D 投资强度。

表5－2中的模型1、模型2是通过把高管团队背景特征的高管团队年龄、高管团队学历、科学工程背景的人员比重、研发背景的人员比重、高管团队任期、高管团队性别比、异质性特征的年龄异质性、教育程度异质性、专业背景异质性、职能背景异质性、任期异质性和性别异质性12个因素作为自变量，把科研人员比重作为因变量，运用多元线性回归分析中的逐步回归法进行分析而得到的。

表5－2的模型1显示，科学工程背景人员在高管团队总人数中所占比重和高管团队的平均学历水平与科研人员比重之间存在显著的正相关关系，说明笔者的理论分析和假设 H_{1c}、H_{1b}是成立的。这表明，平均教育程度高、科学工程背景人员比重大的高管团队更愿意加强企业在研发上的人力资源投入，因此，也将拥有更多的研发与创新能力。

从表5－2中模型2的输出结果可以看出，科学工程背景人员在高管团队中所占比重和高管团队的平均学历水平对科研人员比重的正相关关系，在加入职能背景异质性后，变得更为显著，所以笔者的理论分析和假设 H_{1j}是成立的。这表明，科学工程背景人员所占比重越大、平均教育程度和职能背景异质程度越高的高管团队，企业在R&D人力资源上的投入更大。

表5－2中的模型3是通过把高管团队背景特征的高管团队年龄、高管团队学历、科学工程背景的人员比重、研发背景的人员比重、高管团队任期、高管团队性别比、异质性特征的年龄异质性、教育程度异质性、专业背景异质性、职能背景异质性、任期异质性和性别异质性12个因素作为自变量，把R&D投资强度作为因变量，运用多元线性回归分析中的逐步回归法进行分析而得到的。从模型3可见，只有高管团队的平均年龄和高管团队

中具有研发背景的成员比重两个变量通过了显著性检验且进入了回归方程，高管团队的平均年龄与 R&D 投资强度呈显著的负相关关系，具有研发背景的成员比重与 R&D 投资强度呈显著的正相关关系。上述结论表明，高管团队的平均年龄越大，具有研发背景的高管成员比重越小，企业 R&D 投资的力度也越小，这也充分证明了我们的理论分析和假设 H_{1a}、H_{1d}是成立的。

表 5-3 回归系数及显著性检验[a]

Model		Unstandardized Coefficients		Standardized Coefficients	*t*	*Sig.*	Collinearity Statistics	
		B	Std. Error	Beta			Tolerance	VIF
4	(Constant)	44.41	8.40		5.29	0.00		
	Size	-1.39	0.37	-0.36	-3.75	0.00	0.83	1.20
	Mage	-0.46	0.19	-0.23	-2.40	0.02	0.83	1.20
5	(Constant)	43.24	8.20		5.27	0.00		
	Size	-1.34	0.36	-0.34	-3.71	0.00	0.83	1.21
	Mage	-0.49	0.19	-0.24	-2.59	0.01	0.83	1.21
	Mexp	0.09	0.04	0.21	2.50	0.01	1.00	1.00

a. Dependent Variable：R&D 投资强度。

表 5-3 中的模型 4、模型 5 是在模型 3 的基础上，加入实际控制人类型、企业上市时间、企业规模三个控制变量后通过逐步回归分析得到的。对比模型 3、模型 4 的输出结果可知，高管团队的平均年龄对企业 R&D 投资强度的负相关性在加入企业规模后减弱，且企业规模与企业 R&D 投资强度之间呈现负相关关系。这表明，企业规模的大小会显著地降低高管团队平均年龄对企业 R&D 投资强度的负向影响。表 5-3 的模型 5 显示，高管团队的平均年龄和职能背景对企业 R&D 投资强度的影响在加入企业规模后减弱。这表明，企业规模的大小会显著地弱化高管团队平均年龄和团队成员的职能背景对企业 R&D 投资强度的影响。

从表 5-2、5-3 中可以看出，在分别以企业科研人员比重和 R&D 投资强度为因变量的多元回归过程中，只有高管团队的平均年龄、平均学历、具有科学工程背景的高管人员比重、具有研发背景的高管人员比重、职能背景异质性 5 个变量通过了显著性检验，而其他变量由于没有通过显著性检验而未能进入回归方程。上述回归分析的输出结果也显示了上述回归模型均具有较好的解释力。

第二节 高管团队激励机制与企业研发投入

一、变量的多重共线性分析及诊断

表5-4 变量的多重共线性统计分析及诊断结果[a,b]

Model	Dimension	Collinearity Statistics		Collinearity Diagnostics	
		Tolerance	VIF	Eigenvalue	Condition Index
1	(Constant)			5.24	1.00
	Pay	0.14	6.97	1.05	2.23
	Sto	0.51	1.97	0.39	3.69
	PG	0.15	6.75	0.21	5.02
	Own	0.61	1.65	0.09	7.85
	Time	0.51	1.95	0.02	15.04
	Size	0.67	1.49	0.01	27.02

a. Dependent Variable：R&D 投资强度。

b. 此表数据来源于高管激励各变量对 R&D 投资强度的回归结果，因篇幅问题其他分析数据未列。

表5-4中显示了激励机制的各自变量和控制变量的多重共线性统计分析结果。从多重共线性统计分析的输出结果来看，激励机制各变量的容限最小值为0.14，大于0.10；VIF值最大为6.97，大于2，分析结果表明激励机制的各变量间存在一定的多重共线性问题。从表5-4的共线性诊断结果可以看出，此回归模型的7个维度中有些特征值接近于0，这表明这些变量间存在高度的线性相关关系，回归系数对自变量的估计也不够精准。与此对应，有些自变量的条件指数大于15，这也进一步印证了上述观点。

二、激励机制与企业 R&D 投入的回归分析

根据多重共线性的统计分析结果，笔者把激励机制的薪酬激励、股权

激励和晋升激励三个维度作为自变量，并分别把科研人员比重、R&D 投资强度作为因变量，运用多元线性回归分析中的逐步回归法进行分析，回归分析的结果如表 5-5、5-6 所示。从表 5-5 的模型 1、模型 2 以及表 5-6 的模型 3、模型 4 来看，容限值（Tolerance）大于 0.1 且方差膨胀因子（VIF）小于 2，表明所得的回归模型均不存在多重共线性问题。

表 5-5　回归系数及显著性检验[a,b]

Model		Unstandardized Coefficients		Standardized Coefficients	*t*	*Sig.*	Collinearity Statistics	
		B	Std. Error	Beta			Tolerance	VIF
1	Pay	0.64	0.06	0.64	9.98	0.00	0.80	1.24
	Sto	0.46	0.10	0.30	4.64	0.00	0.80	1.24
2	Size	3.46	0.25	0.77	13.74	0.00	0.72	1.38
	Sto	0.27	0.09	0.17	3.08	0.00	0.72	1.38

a. Dependent Variable：科研人员比重。

b. 通过原点的线性回归。

表 5-6　回归系数及显著性检验[a,b]

Model		Unstandardized Coefficients		Standardized Coefficients	*t*	*Sig.*	Collinearity Statistics	
		B	Std. Error	Beta			Tolerance	VIF
3[b]	Pay	0.09	0.02	0.48	5.83	0.00	0.80	1.24
	Sto	0.09	0.02	0.29	3.55	0.00	0.80	1.24
4	(Constant)	29.73	4.46		6.66	0.00		
	Size	-1.64	0.39	-0.42	-4.23	0.00	0.75	1.33
	Time	-0.40	0.13	-0.36	-3.11	0.00	0.55	1.81
	Sto	-0.07	0.03	-0.28	-2.46	0.02	0.55	1.83

a. Dependent Variable：R&D 投资强度。

b. 通过原点的线性回归。

从表 5-5 的模型 1 和表 5-6 的模型 3 可以看出，高管薪酬激励与高管股权激励都正向影响着企业科研人员比重和 R&D 投资强度，且这种正向性在高管薪酬激励上表现得更为明显，这说明有效地运用高管薪酬激励机制和股权激励机制将有利于促进高新技术企业对核心科研人员的引入，同时也会增强企业高管层对研发经费投入的动力，回归分析的输出结果充分佐证了我们的理论分析和假设 H_{2a}、H_{2b} 是成立的。然而在回归分析中，高管晋升激励由于没有通过显著性检验而未能进入回归方程。究其原因可能是由于在中国现阶段的公司治理中，上市公司的高管晋升激励机制并不清晰、具体，因而难以形成对科技人才的强大吸引，在提高企业高管层的 R&D 动力方面的作用也有限。

我们在模型 1 和模型 3 的基础上加入了实际控制人类型、企业上市时间、企业规模三个控制变量，并通过逐步线性回归分析得到了表 5－5 的模型 2 和表 5－6 的模型 4。从模型 2、模型 4 的输出结果我们可以看出，企业规模和上市时间的加入大大削弱了高管薪酬激励对企业科研人员比重的正相关性（相关性变得不显著，因此未能进入回归方程），这说明企业上市时间越长，企业规模越大，高管薪酬激励对高科技企业科研人才的吸引力将逐渐减弱。其中的原因可能是：大企业在研发能力、人力资源管理等方面占有一定的优势，因此，也更容易吸引和培养有潜力的科研人才及留住现有的人才。而模型 4 的输出数据还显示出，企业上市时间和企业规模显著降低了高管股权激励对企业 R&D 投资强度的正相关性，标准回归系数从原来的 3.55 降到 －2.46，说明企业上市时间和企业规模在高管股权激励与企业 R&D 投资强度之间的关系中发挥着重要影响，甚至会改变高管股权激励对企业 R&D 投资的作用强度和方向。

第三节　高管团队背景特征、激励机制与企业研发投入

一、变量的调节效应分析方法

如果因变量 Y 与自变量 X 的关系是变量 M 的函数，即因变量 Y 与自变量 X 的关系受到第三个变量 M 的影响，那么就称 M 为调节变量，它可以影响因变量 Y 和自变量 X 之间关系的方向（正或负）和强弱。调节变量的模型及函数表达式见下图 5－1。

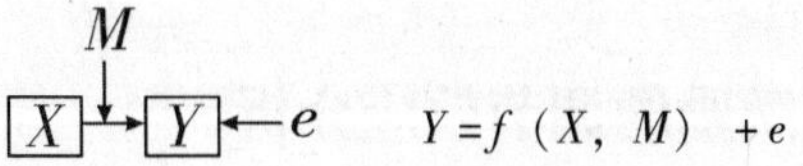

图 5 - 1　调节变量示意图

本研究将运用温忠麟等人（2005）提出的调节效应分析方法对变量 M 的调节效应进行判定，具体分析步骤表述如下：

（1）构建多元线性回归模型。基于本书的研究模型及假设，笔者建立如下多元线性模型来研究 TMT 背景特征、激励机制与企业的 R&D 投入三者之间的关系，具体如下：

$$Per = \alpha_1 TMT + \alpha_2 Incent + \alpha_3 TMT\ Incent + \varepsilon \qquad \text{（模型 1）}$$

$$Exp = \beta_1 TMT + \beta_2 Incent + \beta_3 TMT\ Incent + \varepsilon \qquad \text{（模型 2）}$$

模型 1 中，α_1表示高管团队背景特征（TMT）对企业科研人员比重（Per）的影响系数；α_2表示激励机制（Incent）对企业科研人员比重的影响系数；α_3表示高管团队背景特征和激励机制的交互项对企业科研人员比重的影响系数，可反映出激励机制对高管团队背景特征和企业科研人员比重之间关系的调节效应的强弱。ε 为服从数学期望为 0、方差为 δ2 的随机扰动项。

模型 2 中，β_1表示高管团队背景特征（TMT）对企业 R&D 投资强度（Exp）的影响系数；β_2表示激励机制（Incent）对企业 R&D 投资强度的影响系数；β_3表示高管团队背景特征和激励机制的交互项对企业 R&D 投资强度的影响系数，可反映出激励机制对高管团队背景特征和企业 R&D 投资强度之间关系的调节效应的强弱。ε 为服从数学期望为 0、方差为 $\delta 2$ 的随机扰动项。

（2）分两步对模型 1、2 进行层次回归分析。

第一步：做 Per 对 TMT 和 Incent、Exp 对 TMT 和 Incent 的回归，得到测定系数 R_1^2；

第二步：做 Per 对 TMT、Incent 和 TMT Incent，Exp 对 TMT、Incent 和 TMT Incent 的回归，得到测定系数 R_2^2；

（3）调节效应的分析与判定。若 R_2^2 显著高于 R_1^2，则激励机制（Incent）的调节效应显著；反之则激励机制的调节效应不显著，且表明研究中激励机制具有调节效应的假设不能成立。

二、高管薪酬激励的调节效应分析

根据上述调节效应的检验模型，首先分别以高管团队背景特征的高管团队平均年龄、平均学历、具有科学工程背景的高管人员比重、具有研发背景的高管人员比重、平均任期、性别比、异质性特征的年龄异质性、教育程度异质性、专业背景异质性、职能背景异质性、任期异质性和性别异质性12个因素为自变量，分别以科研人员比重和R&D投资强度为因变量，以激励机制为调节变量，进行调节效应的层次回归分析，最终输出结果如表5-7所示。

表5-7 高管激励调节效应的回归分析

序号	回归方程	R square	Adjusted R square
1	*Exp* = 0.14Cage + 0.12Sto	0.04	
2	*Exp* = 0.19Cage + 0.11Sto − 0.29Cage Sto	0.13	0.10
3	*Per* = − 0.12Hgend + 0.08PG	0.01	
4	*Per* = 0.01Hgend + 0.11PG + 0.30Hgend PG	0.08	0.06

从表5-7的回归方程2中，可以看到乘积项Cage Sto的回归系数显著（$Beta = -0.29$，$P = 0.002 < 0.05$），R^2的变化为10%，所以高管股权激励（Sto）对高管团队年龄异质性（Cage）和企业R&D投资强度（Exp）之间关系的调节效应显著。这同时也说明，高管股权激励水平在高管团队背景特征和企业R&D投入之间的关系中起到了重要的调节作用。因此，我们的理论分析和假设H_{3b}得到了验证。

从表5-7的回归方程4中，可以看到乘积项Hgend PG的回归系数显著（$Beta = 0.30$，$P = 0.004 < 0.05$），R^2的变化为6%，所以高管晋升激励（PG）对高管团队性别异质性（Hgend）和企业科研人员比重（Per）之间关系的调节效应显著，甚至还改变了性别异质性对企业科研人员比重的作用方向。这也说明，高管晋升激励水平在高管团队背景特征和企业R&D投入之间的关系中起到了重要的调节作用。因此，笔者的理论分析和假设H_{3c}得到了验证。

高管薪酬激励在调节效应的回归分析中未能通过显著性检验，这说明，高管薪酬激励不能显著影响高管团队背景特征与企业 R&D 投入之间的关系。因此，笔者的理论分析和假设 H_{3a} 未能通过验证。

从以上对激励机制调节效应回归分析的总体上看，激励机制变量在高管团队背景特征与企业 R&D 投入之间的确发挥了调节作用。同时，回归分析的输出数据还显示，不同的激励机制方式会对高管团队背景特征与企业 R&D 投入之间的关系产生不同的影响，不仅会改变这两者之间的作用强度，有时甚至会改变他们之间的作用方向。其原因在于，高管团队背景特征虽然可以反映出高管人员内在的认知基础和价值观等，并在所形成的管理者感知下选择不同的企业 R&D 投入战略，但这种假设忽略了客观的公司治理环境及制度安排对高管团队的影响。本研究的实证数据表明，高管股权激励和晋升激励会显著影响高管团队进行 R&D 投入决策的内在理性，从而会对最终的企业 R&D 投入产生重大影响。我们在实践中也不难发现，构成特征相同的高管团队在不同的公司治理结构和制度安排下会作出不同的 R&D 投入决策。

第六章

结论与讨论

一、主要研究结论

本书以 2010 年度中小企业板的上市披露了 R&D 投入数据的 329 家高新技术企业作为研究样本，首先对样本企业高管团队背景特征与企业 R&D 投入之间的相关性进行了理论分析与实证检验。在此基础上，本研究加入了高管薪酬激励、高管股权激励、高管晋升激励三个公司治理变量对样本数据进行了实证分析，具体检验了这三个公司治理变量对高管团队背景特征与企业 R&D 投入相关性的作用效应。通过对相关的假设进行检验（见表 6 -1），得出以下几点结论：

第一，在对高管团队背景特征与企业 R&D 投入之间关系的实证分析中，本书的假设 H_{1a}、H_{1b}、H_{1c}、H_{1d}和 H_{1j}均得到了有力的验证，即高管团队的平均年龄与企业 R&D 的经费投入水平负相关；高管团队的平均学历与企业 R&D 的人力资源投入水平正相关；具有科学工程背景的高管人员比重与企业 R&D 的人力资源投入水平正相关；具有研发背景的高管人员比重与企业 R&D 经费投入水平正相关；高管团队职能背景的异质性与企业 R&D 的人力资源投入水平正相关。

同时，实证结果还显示，高管团队的平均年龄对企业 R&D 投资强度的负相关性在加入企业规模后减弱，且企业规模与企业 R&D 投资强度之间呈现负相关关系。这说明，在规模较小的企业中，年轻的高管更容易发挥自身的优势，进而作出有利于企业长远发展的 R&D 投资决策。

第二，在对激励机制与企业 R&D 投入之间关系的实证分析中，本书的假设 H_{2a}、H_{2b}均得到了有力的验证，即高管薪酬激励水平越高，企业在 R&D 人力资源上的投入就越大；高管团队持股比例越高，企业在 R&D 创新的人力资源和经费上的投入也越大。

第三，通过对激励机制调节效应的检验，得出以下两点结论：

（1）高管股权激励在高管团队年龄异质性与企业 R&D 经费投入的关系中发挥着重要的调节作用，笔者的理论分析和假设 H_{3b}得到了验证。

（2）高管晋升激励在高管团队性别异质性与企业 R&D 人力资源投入之间的关系中发挥着重要的调节作用，笔者的理论分析和假设 H_{3c}得到了验证。

二、政策建议

为了更好地发挥高管团队在企业 R&D 资源安排上的战略作用，从单一方面来考虑高管团队背景特征或激励机制是远远不够的，必须将二者纳入一个整体，然后再进行系统考察和分析（李华晶和邢晓东，2007），使高管团队背景特征和激励机制互相补充，从而更好地服务于企业 R&D 投入的战略决策和实施过程。鉴于此，本书认为高新技术企业要想提高创新能力和 R&D 水平，应对高管团队的构成特征及激励机制应进行以下调整：

第一，合理构建和优化高管团队结构。高新技术企业应选拔年纪轻、学历高、具有丰富职业经验和背景的人员加入到高管团队中来，并且要提高团队中具备科学工程背景以及研发工作背景的高管人员所占的比重，这将有利于企业高管层在人力资源安排和经费投入上倾向于 R&D 和创新。

第二，科学设计企业内部高管团队的薪酬激励机制。本研究的实证分析表明，高新技术企业高管层的薪酬水平越高，该企业对核心科研人员的吸引力就越大，就越能培养具有潜力的科研人员和留住现有的科研人员。但是，薪酬激励对强化和转变高管团队研发投入意愿方面的作用并不显著，企业高层管理者出于对 R&D 活动的风险预期和自己利益的权衡，并不愿意在企业 R&D 上投入过多的人力和物力。这一结果实际上也反映了激励机制的复杂性，因此企业在设计高管团队的薪酬激励模式时，需要进行全面而深入的考虑。

第三，广泛地引入高管持有股票期权的激励方式。笔者在实证中发现，高管团队持股比例越高，企业在 R&D 创新的人力资源和经费方面的投入也越大。同时，股权激励也在高管团队年龄异质性和企业 R&D 经费投入的关系上发挥着重要的调节作用。这不仅说明有效运用股权激励机制将有利于增强企业高层管理者对 R&D 活动的投入意愿，同时也反映出企业要想在既有的高管团队背景特征及其异质性的基础上引导高层管理者关注企业未来长期竞争力的增长，从而更加努力地致力于企业 R&D 创新活动，提高企业的竞争优势，通过高管股权机制的激励作用来实现是可行的方式之一。

第四，重视高管晋升机制的激励作用。本研究用企业内部高层管理者的薪酬差距来代理高管晋升激励机制。实证分析结果显示，高管晋升激励水平的提高，对企业 R&D 投入并没有产生显著影响。因此，高新技术企业为了提供足够的激励而倾向于扩大高层管理者内部的薪酬差距，这种激励形式的配置并不一定会激发高层管理者对企业 R&D 活动的投入动力。然而，笔者在进一步的实证分析中却验证了高管晋升激励在高管团队性别异质性和企业 R&D 人力资源投入的关系上具有重要调节效应的假设，即高管晋升激励水平显著地改变了性别异质性对企业 R&D 投入的作用方向（由负向影响变为正向影响，显著性由无到有），这一结论和 Smith 等人（2005）的观点一致。同时，刘绪光和李维安（2010）也指出，在没有有效地控制其他差异变量的情况下，TMT 性别异质性的作用效应可能会不一致，有时甚至会由于出现相互抵消的现象而导致无法观测到实际的作用结果。由这一实证结果可知，提高企业内部高管层薪酬差距的办法改变了女性高管对职位晋升的预期，提高了她们对自身责任的荣誉感和使命感，使她们转而开始关注能够提升企业长期绩效的 R&D 活动，进而支持企业 R&D 投入的战略决策。同时，扩大薪酬差距的晋升激励方式也吸引了外部女性求职者以及能够留住内部现有女性职员，使她们愿意投身于企业的 R&D 创新活动之中。因此，高新技术企业必须重视对高管团队的晋升激励，在当前薪酬激励体制时常失灵的情况下寻找一种新的激励形式，帮助高层管理者关注企业的长期利益，进而增强他们进行 R&D 创新活动的动力，使企业能够保持创新活力。

表 6-1 研究假设验证情况汇总

假设层次	假设内容	研究结果
H_1	H_{1a}：高管团队平均年龄与企业 R&D 投入负相关。	获得支持
	H_{1b}：高管团队平均学历水平与企业 R&D 投入正相关。	获得支持
	H_{1c}：高管团队中具有科学工程专业背景的成员比重与企业 R&D 投入正相关。	获得支持
	H_{1d}：高管团队中具有研发职能背景的成员比重与企业 R&D 投入正相关。	获得支持
	H_{1e}：高管团队的平均任期与企业 R&D 投入负相关。	未获支持
	H_{1f}：高管团队中性别比与企业 R&D 投入正相关。	未获支持
	H_{1g}：高管团队年龄的异质性与企业 R&D 投入正相关。	未获支持
	H_{1h}：高管团队教育程度的异质性与企业 R&D 投入正相关。	未获支持

（续上表）

假设层次	假设内容	研究结果
H_1	H_{1i}：高管团队专业背景的异质性与企业 R&D 投入正相关。	未获支持
	H_{1j}：高管团队职能背景的异质性与企业 R&D 投入正相关。	获得支持
	H_{1k}：高管团队任期的异质性与企业 R&D 投入正相关。	未获支持
	H_{1l}：高管团队性别的异质性与企业 R&D 投入正相关。	未获支持
H_2	H_{2a}：高管薪酬激励与企业 R&D 投入正相关。	获得支持
	H_{2b}：高管股权激励与企业 R&D 投入正相关。	获得支持
	H_{2c}：高管晋升激励与企业 R&D 投入正相关。	未获支持
H_3	H_{3a}：高管薪酬激励显著调节着高管团队背景特征与企业 R&D 投入之间的关系。	未获支持
	H_{3b}：高管股权激励显著调节着高管团队背景特征与企业 R&D 投入之间的关系。	获得支持
	H_{3c}：高管晋升激励显著调节着高管团队背景特征与企业 R&D 投入之间的关系。	获得支持

三、研究的局限与未来研究方向

（一）研究的局限

虽然本书构建的研究模型通过了实证分析的检验，也取得了一些有价值的研究成果，但仍然存在着一定的局限性。

第一，本书选取的研究对象是高新技术上市企业，主要数据来源于上市公司的年度报告以及相关数据库。由于我国的现代企业制度还处于建设期，上市公司信息披露的人为操纵问题还未得到完全控制，信息披露的质量也有待提高，这无疑将对本书的研究结果产生一定影响。

第二，本书在分析高管团队背景特征和激励机制对企业 R&D 投入的影响时，只是运用截面数据对变量进行了衡量，没有充分考虑到高管团队背景特征和激励机制对企业 R&D 投入的影响具有明显的滞后效应，特别是高管薪酬激励、股权激励、晋升激励等变量的作用效应需要较长时间才能完全凸显，这使得本书研究结果的有效性受到一定程度的限制。

第三，鉴于数据获取的方便性，本书只选取了科研人员比重和 R&D 经费投入这两个指标来代理企业 R&D 投入，虽然取得了一些研究结果，但同时应该看到，企业 R&D 活动的产出指标对企业绩效的影响更显著，只采用单一的投入指标存在一定的局限性。

（二）未来研究方向

尽管本研究还存在着上述局限性，但是我们所做的工作还是为进一步深入研究相关问题奠定了基础。我们认为，后续的研究还可从以下方面展开：

第一，本书在探讨高管团队背景特征的相关变量时参考了以往的文献资料，选取了高管团队的六个人口统计学特征以及相关特征的异质性，涉及变量较多，这在一定程度上影响了分析的深度，下一步可将若干特征整合成少量具体变量作深入分析。例如，将年龄、职能背景、任期等特征整合为团队经验变量，或将性别和性别的异质性、年龄和年龄的异质性作为一个独立变量进行分析。

第二，本书没有探讨由于高管团队背景特征及异质性特征所带来的认知多样性和文化多样性等问题，高管团队背景特征及异质性特征可能会通过影响中介过程（如冲突、决策参与、沟通、合作、凝聚力等）而最终影响企业 R&D 投入。由于这部分的主观数据只能通过问卷调查的方式获得，因此，也存在着如何准确测量的问题，今后的研究可对此进行深入探讨。

第三，深入研究高管团队背景特征与激励机制的关系。企业高管团队的背景特征将深刻影响着企业激励政策的制定和实施。本书是将激励机制作为研究中的调节变量，今后可深入探讨高管团队背景特征，包括人口统计学特征和异质性与企业激励政策的制定、选择和变革之间的关系。国外已有文献通过年龄、性别等变量进行相关研究，并得出了一些有意义的结论，但仍未将其充分拓展开来。

第四，创新研究方法、拓宽研究范围。下一步的研究应选取足够数量的研究样本，比较不同行业、不同所有制类型的企业在高管团队背景特征、激励机制对企业 R&D 投入的影响是否存在显著差异；此外，后续研究应扩大研究周期，尽量在一个较长的时间范围内考察高管团队背景特征与企业 R&D 投入之间的关系，利用时间序列数据验证高管团队背景特征与激励机制对企业 R&D 投入的长期影响，这将会取得更有价值的研究成果。

第五，结合中国独特的市场环境和制度环境，深入研究影响高管团队背景特征与企业 R&D 投入关系的其他中介或调节变量，同时融入有效的控制变量进行深入的比较研究，这将为我国企业的管理实践提供更具针对性的理论指导。

参考文献

一、中文参考文献

1. 毕克新，赵莉楠，孙金花．中小企业技术创新绩效评价研究现状和发展趋势．中国科技论坛，2006（5）：66～70.

2. 陈冬华，陈信元，万华林．国有企业中的薪酬管制与在职消费．经济研究，2005（2）：92～101.

3. 成瑾，白海青．探索影响高管团队行为集成的关键认知特征．经济管理，2010，32（4）：78～83.

4. 杜兴强，王丽华．高层管理当局薪酬与上市公司业绩的相关性实证研究．会计研究，2007（1）：58～65.

5. 杜兴强，王丽华．高管薪酬与企业业绩相关性的影响因素分析——基于股权结构、行业特征及最终控制人性质的经验证据．上海立信会计学院学报，2009（1）：53～65.

6. 高雷，何少华，仪垂林．国家控制、政府干预、银行债务与资金侵占．金融研究，2006（6）：90～98.

7. 高雷，宋顺林．高管人员持股与企业绩效——基于上市公司2000—2004年面板数据的经验证据．财经研究，2007，33（3）：134～143.

8. 韩立丰，王重鸣，许智文．群体多样性研究的理论述评——基于群体断层理论的反思．心理科学进展，2010，18（2）：374～384.

9. 韩立岩，李慧．CEO权力与财务危机——中国上市公司的经验证据．金融研究，2009（1）：179～193.

10. 何晓群．现代统计分析方法与应用．北京：人民大学出版社，1998.

11. 蒋春燕．企业外部关系对内部创新活动的影响机制．经济管理，2008（5）：30～35.

12. 江岩，张体勤．高层管理团队特征与组织创新研究述评．山东社会科学，2008（2）：139～142.

13. 焦长勇，项保华．企业高层管理团队特性及构建研究．自然辩证法通讯，2003，25（2）：57～62.

14. 焦少飞，张炜，杨选良．技术体制、研发努力与创新绩效：来自中国制造业的证据．中国软科学，2010（5）：37～44.

15. 康宛竹．中国上市公司女性高层任职状况调查研究．妇女研究论丛，2007，16（4）：23～29.

16. 康宛竹．性别角色定式与管理者特征的关系研究．广东技术师范学院学报，2008（10）：51～55.

17. 李春涛，宋敏．中国制造企业的创新活动：所有制和CEO激励的作用．经济研究，2010（5）：55～67.

18. 李华晶，邢晓东．高管团队与公司创业战略：基于高阶理论和代理理论融合的实证研究．科学学与科学技术管理，2007（9）：139～144.

19. 李华晶，张玉利．高管团队特征与企业创新关系的实证研究——以科技型中小企业为例．商业经济与管理，2006，5（175）：9～13.

20. 李瑞．中国总经理影响力研究及应用．清华大学博学位论文，2004.

21. 李维安，李汉军．股权结构、高管持股与公司绩效——来自民营上市公司的证据．南开管理评论，2006，9（5）：4～10.

22. 李新春，苏琦，董文卓．公司治理与企业家精神．经济研究，2006（2）：57～68.

23. 李燕萍，孙红．不同高管报酬方式对公司绩效的影响研究——基于中国上市公司的经验检验．经济管理，2008，30（18）：42～49.

24. 李玉君．高科技企业高层管理团队绩效衡量与激励机制研究．天津理工大学博士学位论文，2005.

25. 李增泉．激励机制与企业绩效——一项基于上市公司的实证研究．会计研究，2000（1）：24～30.

26. 刘嘉，许燕．团队异质性研究回顾与展望．心理科学进展，2006，14（4）：636～640.

27. 刘剑，谈传生．管理层持股与公司绩效：一项基于深圳股票市场的实证研究．南京审计学院学报，2005（4）：7～13.

28. 刘锦英．企业规模与创新绩效关系的实证研究——基于中国光电子产业的分析．软科学，2010，24（4）：20～23.

29. 刘军，李永娟，富萍萍．高层管理团队价值观共享、冲突与绩效：一项实证检验．管理学报，2007，5（4）：644～653.

30. 刘绪光，李维安. 基于董事会多元化视角的女性董事与公司治理研究综述. 外国经济与管理，2010，32（4）：47～53.

31. 刘运国，刘雯. 我国上市公司的高管任期与R&D支出. 管理世界，2007（1）：128～136.

32. 鲁海帆. 高管层内薪酬差距、CEO内部继任机会与公司业绩研究——基于锦标赛理论的实证分析. 南方经济，2010（5）：23～31.

33. 鲁倩，贾良定. 高管团队人口统计学特征、权力与企业多元化战略. 科学学与科学技术管理，2009（5）：181～187.

34. 马宁，官建成. 影响我国工业企业技术创新绩效的关键因素. 科学学与科学技术管理，2000（3）：16～20.

35. 欧阳慧，曾德明，张运生. 国际化竞争环境中TMT的异质性对公司绩效的影响. 数量经济技术经济研究，2003（12）：125～129.

36. 钱锡红，杨永福，徐万里. 企业网络位置、吸收能力与创新绩效——一个交互效应模型. 管理世界，2010（5）：118～129.

37. 孙海法，姚振华，严茂胜. 高管团队人口统计特征对纺织和信息技术公司经营绩效的影响. 南开管理评论，2006，9（6）：61～67.

38. 孙海法，刘海山，姚振华. 党政、国企与民企高管团队组成和运作过程比较. 中山大学学报（社会科学版），2008，48（1）：169～179.

39. 孙俊华，贾良定. 高层管理团队与企业战略关系研究述评. 科技进步与对策，2009，26（9）：150～155.

40. 唐清泉，罗党论. 风险感知力与独立董事辞职行为研究——来自中国上市公司的经验. 中山大学学报（社会科学版），2007，47（1）：91～98.

41. 唐清泉，甄丽明. 管理层风险偏爱、薪酬激励与企业R&D投入——基于我国上市公司的经验研究. 经济管理，2009，31（5）：56～64.

42. 唐跃军. 大股东制衡机制：基于中国市场的实证与实验研究. 南昌：江西人民出版社，2008.

43. 唐跃军，吕斐适，程新生. 大股东制衡、治理战略与信息披露——来自2003年中国上市公司的证据. 经济学（季刊），2008，7（2）：647～664.

44. 汪昌云，孙艳梅. 代理冲突、公司治理和上市公司财务欺诈的研究. 管理世界，2010（7）：130～143.

45. 王飞，张小林. 企业高层管理团队国际化的研究. 技术经济与管理研究，2005（3）：32～33.

46．王华，黄之骏．经营者股权激励、董事会组成与企业价值——基于内生性视角的经验分析．会计研究，2000（1）：24～30.

47．王克敏，陈井勇．股权结构、投资者保护与公司绩效．管理世界，2004（7）：127～133.

48．魏刚．高级管理层激励与上市公司经营绩效．经济研究，2000（3）：32～39.

49．魏立群，王智慧．我国上市公司高管特征与企业绩效的实证研究．南开管理评论，2002（4）：16～22.

50．文芳．上市公司高管团队特征与R&D投资研究．山西财经大学学报，2008，30（8）：77～83.

51．温忠麟，侯杰泰，张雷．调节效应与中介效应的比较和应用．心理学报，2005，37（2）：268～274.

52．伍剑琴．实证分析高层管理团队的任期对绩效的影响．河南商业高等专科学校学报，2005，18（2）：21～23.

53．吴一平．中国工业行业创新能力差距的分解．南方经济，2010（3）：13～20.

54．伍莹．国企、民企与外企高管团队传记特征与行为整合的比较研究．中山大学硕士学位论文，2008.

55．肖丕楚，张成君．CEO权责配置与公司治理结构优化．经济与管理，2003（4）：35～40.

56．肖继辉，彭文平．高管人员报酬与业绩的敏感性——来自中国上市公司的证据．经济管理，2002（18）：4～16.

57．肖久灵．企业高层管理团队的组成特征对团队效能影响的实证研究．财贸研究，2006（2）：112～117.

58．谢洪明，刘常勇．技术创新类型与知识管理方法的关系研究．科学学研究，2003，21（5）：539～545.

59．熊胜华，方晓波．互补资产对企业技术创新的影响——基于中国上市公司的实证研究．经济管理，2010，32（6）：78～85.

60．徐向艺，王俊韡，巩震．高管人员报酬激励与公司治理绩效研究——一项基于深、沪A股上市公司的实证分析．中国工业经济，2007（2）：94～100.

61．杨静，宝贡敏．技术创新影响因素的实证分析——基于浙江典型地区民营企业的调查．科技进步与对策，2009，26（10）：18～22.

62. 杨薇，姚涛．公司治理与财务舞弊的关系——来自中国上市公司的经验证据．重庆大学学报（社会科学版），2006，12（5）：24～30.

63. 姚振华，孙海法．高管团队组成特征与行为整合关系研究．南开管理评论，2010，13（1）：15～22.

64. 余秀江，胡冬生，何新闻，王宣喻．我国技术创新影响因素的动态分析——基于SVAR模型的实证研究．软科学，2010，24（8）：11～16.

65. 谌新民，刘善敏．上市公司经营者报酬结构性差异的实证研究．经济研究，2003（8）：55～63.

66. 张德，刘冀生．中国企业文化——现在与未来．北京：中国商业出版社，1991.

67. 张华胜．中国制造业技术创新能力分析．中国软科学，2006（4）：15～23.

68. 张俊瑞，赵进文，张建．高级管理层激励与上市公司经营绩效相关性的实证分析．会计研究，2003（9）：29～34.

69. 张鸣，陈震．高管报酬隐性激励的实证研究．财经研究，2006，32（3）：56～63.

70. 张平．高层管理团队异质性与企业绩效关系研究．管理评论，2006a，18（5）：54～61.

71. 张平．国外高层管理团队研究综述．科技进步与对策，2006b（7）：197～200.

72. 张小林，王重鸣．群体绩效和团队效能研究的新进展．应用心理学，1997，3（2）：58～64.

73. 张晓芹．组织承诺、组织公民行为与高管团队绩效的关系研究．五邑大学硕士学位论文，2008.

74. 赵峥，井润田．建立高层管理团队的时机分析．管理评论，2005，17（2）：17～21.

75. 周建波，孙菊生．经营者股权激励的治理效应研究——来自中国上市公司的经验证据．经济研究，2003（5）：74～82.

76. 左晶晶，唐跃军．过度激励与企业业绩——基于边际递减效应和中国上市公司高管团队的研究．产业经济研究，2010（1）：134～143.

77. Rajan，R. G.，李维安．新型企业的治理．李维安，张俊喜．公司治理前言．北京：中国财政经济出版社，2003.

二、英文参考文献

1. Acs, Z. J., Anselinb, L. and Vargac, A., Patents and innovation counts as measures of regional production of new knowledge. *Research Policy*, 2002, Vol. 31, No. 7. pp. 1069 - 1085.

2. Adams, R. B., Ferreira, D., Do directors perform for pay? *Journal of Accounting and Economics*, 2008, Vol. 46, No. 1. pp. 154 - 171.

3. Adams, R. B., Ferreira, D., Women in the boardroom and their impact on governance and performance. *Journal of Financial Economics*, 2009, Vol. 94, No. 2. pp. 291 - 309.

4. Allen, T. J., Cohen, S. I., Information flow in research and development laboratories. *Administrative Science Quarterly*, 1969, Vol. 14, No. 1. pp. 12 - 19.

5. Allison, P. D., Measures of inequality. *American Sociological Review*, 1978, Vol. 43, No. 6. pp. 865 - 880.

6. Alvesson, M., Due Billing, Y., *Understanding Gender and Organizations*. London, UK: Sage Publications, 1997.

7. Amason, A. C., Mooney, A. C., The effects of past performance on top management team conflict in strategic decision making. *International Journal of Conflict Management*, 1999, Vol. 10, No. 4. pp. 340 - 359.

8. Amason, A. C., Sapienza, H. J., The effects of top management team size and interaction norms on cognitive and affective conflict. *Journal of Management*, 1997, Vol. 23, No. 4. pp. 495 - 516.

9. Amason, A. C., Shrader, R. C., and Tompson, G. H. Newness and novelty: Relating top management team composition to new venture performance. *Journal of Business Venturing*, 2006, Vol. 21, No. 1. pp. 125 - 148.

10. Ancona, D. G., Caldwell, D. F., Bridging the boundary: External activity and performance in organizational teams. *Administrative Science Quarterly*, 1992a, Vol. 37, No. 4. pp. 634 - 665.

11. Ancona, D. G., Caldwell, D. F., Demography and design: Predictors of new product team performance. *Organization Science*, 1992b, Vol. 4, No. 3. pp. 321 - 341.

12. Ang, J. S., Hauser, S. and Lauterbach, B., Contestability and pay differential in the executive suites. *European Financial Management*, 1998, Vol. 4, No. 3. pp. 335 – 360.

13. Argenti, J., *Corporate Collapse—The Causes and Symptoms*. London, UK: McGraw – Hill, 1976.

14. Arundel, A., The relative effectiveness of patents and secrecy for appropriation. *Research Policy*, 2001, Vol. 30, No. 4. pp. 611 – 624.

15. Athanassiou, N., Nigh, D., The impact of U. S. company internationalization on top management team advice networks: A tacit knowledge perspective. *Strategic Management Journal*, 1999, Vol. 20, No. 1. pp. 83 – 92.

16. Auh, S., Menguc, B., Top management team diversity and innovativeness: The moderating role of interfunctional coordination. *Industrial Marketing Management*, 2005a, Vol. 34, No. 3. pp. 249 – 261.

17. Auh, S., Menguc, B., The influence of top management team functional diversity on strategic orientations: The moderating role of environmental turbulence and intern functional coordination. *International Journal of Research in Marketing*, 2005b, Vol. 22, No. 3. pp. 333 – 350.

18. Baker, G. P., Jensen, M. C., and Murphy, K. J. Compensation and incentives: Practice vs. theory. *Journal of Finance*, 1988, Vol. 43, No. 3. pp. 593 – 616.

19. Balkin, D. B., Markman, G. D. and Gomez – Mejia, L. R., Is CEO pay in high-technology firms related to innovation. *Academy of Management Journal*, 2000, Vol. 43, No. 6. pp. 1118 – 1129.

20. Bantel, K. A., Jackson, S. E., Top management and innovations in banking: Does the composition of the top team make a difference. *Strategic Management Journal*, 1989, Vol. 10, No. S1. pp. 107 – 124.

21. Bell, G. G., Clusters, networks, and firm innovativeness. *Strategic Management Journal*, 2005, Vol. 26, No. 3. pp. 287 – 295.

22. Bell, L. A., *Women-led Firms and the Gender Gap in Top Executive Jobs*. IZA Discussion Paper No. 1689, 2005.

23. Bertrand, M., Schoar, A. Managing with style: The effect of managers on firm policies. *The Quarterly Journal of Economics*, 2003, Vol. 118, No. 4. pp. 1169 – 1208.

24. Biggins, J. V. , Schwenk, C. R. , Making board diversity work. *Corporate Board*, 1999, Vol. 20, No. 117. pp. 11 - 16.

25. Bilimoria, D. , Building the business case for women corporate directors. In Burke, R. J. and Mattis, M. C. (Eds.) . *Women on Corporate Boards of Directors.* Netherlands: Kluwer Academic Publisher, 2000. pp. 25 - 40.

26. Bingley, P. , Eriksson, T. , *Pay Spread and Skewness, Employee Effort and Firm Productivity.* Aarhus School of Business Working Paper, 2001.

27. Blau, F. D. , *Equal Pay in the Office.* Lexington, MA: D. C. Heath, 1977.

28. Boatwright, K. J. , Forrest, L. Leadership preferences: The influence of gender and needs for connection on workers' ideal preferences for leadership behaviors. *Journal of Leadership & Organizational Studies*, 2000, Vol. 7, No. 2. pp. 18 - 34.

29. Boeker, W. , Strategic change: The influence of managerial characteristics and organizational growth . *The Academy of Management Journal*, 1997, Vol. 40, No. 1. pp. 152 - 170.

30. Bognanno, M. L. , Corporate tournaments. *Journal of Labor Economics*, 2001, Vol. 19, No. 2. pp. 290 - 315.

31. Borokhovich, K. A. , Parrino, R. and Trapani, T. Outside directors and CEO selection. *Journal of Financial & Quantitative Analysis*, 1996, Vol. 31, No. 3. pp. 337 - 355.

32. Boschen, J. F. , Duru, A. , Gordon, L. A. and Smith, K. J. Accounting and stock price performance in dynamic CEO compensation arrangements. *Accounting Review*, 2003, Vol. 78, No. 1. pp. 143 - 168.

33. Bottazzi, L. , Peri, G. , Innovation and spillovers in regions: Evidence from European patent data. *European Economic Review*, 2003, Vol. 47, No. 4. pp. 687 - 711.

34. Bouwman, H. , Hulsink, W. , A dynamic model of Cyber-entrepreneurship and cluster formation: Applications in the United States and in the Low Countries. *Telematics and Informatics*, 2002, Vol. 19, No. 4. pp. 291 - 313.

35. Brick, I. E. , Palmon, O. and Wald, J. K. CEO compensation, director compensation, and firm performance: Evidence of cronyism. *Journal of Corporate Finance*, 2006, Vol. 12, No. 3. pp. 403 - 423.

36. Bunderson, J. S., Sutcliffe, K. M., Comparing alternative conceptualizations of functional diversity in management teams: Process and performance effects. *Academy of Management Journal*, 2002, Vol. 45, No. 5. pp. 875 – 893

37. Burgess, Z., Tharenou, P., Women board directors: Characteristics of the few. *Journal of Business Ethics*, 2002, Vol. 37, No. 1. pp. 39 – 49.

38. Burke, L. A., Steensma, H. K., Toward a model for relating executive career experiences and firm performance. *Journal of Managerial Issues*, 1998, Vol. 10, No. 1. pp. 86 – 102.

39. Byrne, D., *The Attraction Paradigm*. Orlando, FL: Academic Press, 1971.

40. Carmen, C. O., Ana Beatriz, H. L. and Ramón, V. C., The relationship between top management teams and innovative capacity in companies. *Journal of Management Development*, 2005, Vol. 24, No. 8. pp. 683 – 705.

41. Carpenter, M. A., Fredrickson, J. W., Top management teams, global strategic posture, and the moderating role of uncertainty. *Academy of Management Journal*, 2001, Vol. 44, No. 3. pp. 533 – 545.

42. Carpenter, M. A., The implications of strategy and social context for the relationship between top team management heterogeneity and firm performance. *Strategic Management Journal*, 2002, Vol. 23, No. 3. pp. 275 – 284.

43. Carpenter, M. A., Pollock, T. G. and Leary, M. M., Testing a model of reasoned risk-taking: Governance, the experience of principals and agents, and global strategy in high – technology IPO firms. *Strategic Management Journal*, 2003, Vol. 24, No. 9. pp. 802 – 820.

44. Carter, D. A., Simkins, B. J. Simpson, W. G., Corporate governance, board diversity, and firm value. *Financial Review*, 2003, Vol. 38, No. 1. pp. 33 – 53.

45. Castanias, R. P., Helfat, C. E., Managerial resources and rents. *Journal of Management*, 1991, Vol. 17, No. 1. pp. 155 – 171.

46. Castanias, R. P., Helfat, C. E., Managerial and windfall rents in the market for corporate control. *Journal of Economic Behavior & Organization*, 1992, Vol. 18, No. 2. pp. 153 – 184.

47. Catalyst Inc., *The Bottom Line: Connecting Corporate Performance and Gender Diversity*. New York, USA: Catalyst, 2004.

48. Child, J., Managerial and organizational factors associated with com-

pany performance – part Ⅱ. A contingency analysis. *Journal of Management Studies*, 1975, Vol. 12, No. 1. pp. 12 – 27.

49. Cho, T. S., Hambrick, D. C. and Chen, Ming-Jer., Effects of top management team characteristics on competitive behaviors of firms. *Academy of Management Best Papers Proceedings*, 1994, Vol. 1994, No. 1. pp. 12 – 16.

50. Cohen, W. M., Levinthal, D. A., Absorptive capacity: A new perspective on learning and innovation. *Administrative Science Quarterly*, 1990, Vol. 35, No. 1. pp. 128 – 152.

51. Coles, J. L., Daniel, N. D. and Naveen, L. Managerial incentives and risk-taking. *Journal of Financial Economics*, 2006, Vol. 79, No. 2. pp. 431 – 468.

52. Conceição, P., Hamill, D. and Pinheiro, P., Innovative science and technology commercialization strategies at 3M: A case study. *Journal of Engineering and Technology Management*, 2002, Vol. 19, No. 1. pp. 25 – 38.

53. Conyon, M. J., Peck, S. I., Board control, remuneration committees, and top management compensation. *Academy of Management Journal*, 1998, Vol. 41, No. 2. pp. 146 – 157.

54. Conyon, M. J., Peck, S. I. and Sadler, G. V., Corporate tournaments and executive compensation: Evidence from the U. K. *Strategic Management Journal*, 2001, Vol. 22, No. 8. pp. 805 – 815.

55. Core, J. E., Holthausen, R. W. and Larcker, D. F., Corporate governance, chief executive officer compensation, and firm performance. *Journal of Financial Economics*, 1999, Vol. 51, No. 3. pp. 371 – 406.

56. Cox, T. H., Lobel, S. A. and McLeod, P. L., Effects of ethnic group cultural differences on cooperative and competitive behavior on a group task. *Academy of Management Journal*, 1991, Vol. 34, No. 4. pp. 827 – 847.

57. Cox, T. H., *Cultural Diversity in Organizations: Theory, Research, and Practice.* San Francisco, CA: Berrett-Koehler Publishers, 1994.

58. Crocker, J., Major, B. Social stigma and self-esteem: The self-protective properties of stigma. *Psychological Review*, 1989, Vol. 96, No. 4. pp. 608 – 630.

59. Cuddington, J. T., Moss, D. L., Technological change, depletion, and the U. S. petroleum industry. *American Economic Review*, 2001, Vol. 91,

No. 4. pp. 1135 - 1148.

60. Cui, H., Mak, Y. T., The relationship between managerial ownership and firm performance in high R&D firms. *Journal of Corporate Finance*, 2002, Vol. 8, No. 4. pp. 313 - 336.

61. Cummings, A., Zhou, J. and Oldman, G., *Demographic Differences and Employee Work Outcomes: Effects of Multiple Comparison Groups*. Atlanta, GA: Academy of Management Annual Meeting, 1993.

62. Daellenbach, U. S., Mc Carthy, A. M. and Schoenecker, T. S., Commitment to innovation: The Impact of Top Management Team Characteristics. *R&D Management*, 1999, Vol. 29, No. 3. pp. 199 - 208.

63. Daily, C. M., Certo, S. T. and Dalton, D. R., A decade of corporate women: Some progress in the boardroom, none in the executive suite. *Strategic Management Journal*, 1999, Vol. 20, NO. 1. pp. 93 - 99.

64. Datta, D. K., Guthrie, J. P., Executive succession: Organizational antecedents of CEO characteristics. *Strategic Management Journal*, 1994, Vol. 15, No. 7. pp. 569 - 577.

65. Dearborn, D. C., Simon, H. A., Selective perception: A note on the departmental identifications of executives. *Sociometry*, 1958, Vol. 21, No. 2. pp. 140 - 144.

66. Duffhuesa, P., Kabirb, R., Is the pay-performance relationship always positive: Evidence from the Netherlands. *Journal of Multinational Financial Management*, 2008, Vol. 18, No. 1. pp. 45 - 60.

67. Dutton, J. E., Duncan, R. B., The creation of momentum for change through the process of strategic issue diagnosis. *Strategic Management Journal*, 1987, Vol. 8, No. 3. pp. 279 - 295.

68. Eagly, A. H., Female leadership advantage and disadvantage: Resolving the contradictions. *Psychology of Women Quarterly*, 2007, Vol. 31, No. 1. pp. 1 - 12.

69. Ehrenberg, R. G., Bognanno, M. L., Do tournaments have incentive effects. *Journal of Political Economy*, 1990, Vol. 98, No. 6. pp. 1307 - 1324.

70. Eisenhardt, K. M., Schoonhoven, C. B., Organizational growth: Linking founding team strategy, environment, and growth among U. S. semiconductor ventures, 1978—1988. *Administrative Science Quarterly*, 1990, Vol. 35, No. 3.

pp. 504 - 529.

71. Elron, E., Top management teams within multinational corporations: Effects of cultural heterogeneity. *The Leadership Quarterly*, 1997, Vol. 8, No. 4. pp. 393 - 412.

72. Ely, R. J., Fredrickson, J. W., The effects of organizational demographics and social identity on relationships among professional women. *Administrative Science Quarterly*, 1994, Vol. 39, No. 2. pp. 203 - 238.

73. Ensley, M. D., Pearson, A. W. and Amason, A. C., Understanding the dynamics of new venture top management teams Cohesion, conflict, and new venture performance. *Journal of Business Venturing*, 2002, Vol. 17, No. 4. pp. 365 - 386.

74. Erickson, M., Hanlon, M. and Maydew, E. L., Is there a link between executive equity incentives and accounting fraud. *Journal of Accounting Research*, 2006, Vol. 44, No. 1. pp. 113 - 143.

75. Eriksson, T., Executive compensation and tournament theory: Empirical tests on Danish data. *Journal of Labor Economics*, 1999, Vol. 17, No. 2. pp. 262 - 280.

76. Fama, E. F., Jensen, M. C., Separation of ownership and control. *Journal of Law & Economics*, 1983, Vol. 26, No. 2. pp. 301 - 326.

77. Ferrier, W. J., Navigating the competitive landscape: The drivers and consequences of competitive aggressiveness. *Academy of Management Journal*, 2001, Vol. 44, No. 4. pp. 858 - 877.

78. Finkelstein, S., Hambrick, D. C., Top-management-team tenure and organizational outcomes: The moderating role of managerial discretion. *Administrative Science Quarterly*, 1990, Vol. 35, No. 3. pp. 484 - 503.

79. Finkelstein, S., Power in top management teams: Dimensions, measurement, and validation. *Academy of Management Journal*, 1992, Vol. 35, No. 3. pp. 505 - 538.

80. Finkelstein, S., Hambrick, D., *Strategic Leadership: Top Executives and Their Effects on Organizations*. Minneápolis, EUA: West, 1996.

81. Firth, M., Fung, P. M. Y. and Rui, O. M., Corporate performance and CEO compensation in China. *Journal of Corporate Finance*, 2006, Vol. 12, No. 4. pp. 693 - 714.

82. Flood, P. C. , Fong, Cher-Min. , Smith, K. G. , O'Regan, P. , Moore, S. and Morley, M. , Top management teams and pioneering: A resource-based view. *International Journal of Human Resource Management*, 1997, Vol. 8, No. 3. pp. 291 – 306.

83. Floyd, S. W. , Wooldridge, B. , Managing strategic consensus: The foundation of effective implementation. *Academy of Management Executive*, 1992, Vol. 6, No. 4. pp. 27 – 39.

84. Frieder, L. , Subrahmanyam, A. , *Executive compensation and Investor Clientele*. UCLA Working Paper, 2007.

85. Fredrickson, J. W. , Mitchell, T. R. , Strategic decision processes: Comprehensiveness and performance in an industry with an unstable environment. *The Academy of Management Journal*, 1984, Vol. 27, No. 2. pp. 399 – 423.

86. Gardiner, M. , Tiggemann, M. , Gender differences in leadership style, job stress and mental health in male-and female-dominated industries. *Journal of Occupational and Organizational Psychology*, 1999, Vol. 72, No. 3. pp. 301 – 315.

87. Geletkanycz, M. A. , The salience of culture's consequences: The effects of cultural values on top executive commitment to the status quo . *Strategic Management Journal*, 1997a, Vol. 18, No. 8. pp. 615 – 634.

88. Geletkanycz, M. A. , Hambrick, D. C. , The external ties of top executives: Implications for strategic choice and performance. *Administrative Science Quarterly*, 1997b, Vol. 42, No. 4. pp. 654 – 681.

89. Gibbons, R. , Murphy, K. J. , Optimal incentive contracts in the presence of career concerns: Theory and evidence. *Journal of Political Economy*, 1992, Vol. 100, No. 3. pp. 468 – 505.

90. Ginsberg, A. , Connecting diversification to performance: A sociocognitive approach. *Academy of Management Review*, 1990, Vol. 15, No. 3. pp. 514 – 535.

91. Goll, I. , Sambharya, R. B. and Tucci, L. A. , Top management team composition, corporate ideology, and firm performance. *Management International Review*, 2001, Vol. 41, No. 2. pp. 109 – 129.

92. Goll, I. , Rasheed, A. A. , The relationships between top manage-

ment demographic characteristics, rational decision making, environmental munificence, and firm performance. *Organization Studies*, 2005, Vol. 26, No. 7. pp. 999 – 1023.

93. Govindarajan, V., Implementing competitive strategies at the business unit level: Implications of matching managers to strategies. *Strategic Management Journal*, 1989, Vol. 10, No. 3. pp. 251 – 269.

94. Greening, D. W., Johnson, R. A., Managing industrial and environmental crises. *Business & Society*, 1997, Vol. 36, No. 4. pp. 334 – 361.

95. Griliches, Z., Patent statistics as economic indicators: A survey. *Journal of Economic Literature*, 1990, Vol. 28, pp. 1661 – 1707.

96. Grimm, C. M., Smith, K. G., Management and organizational change: A note on the railroad industry. *Strategic Management Journal*, 1991, Vol. 12, No. 7. pp. 557 – 562.

97. Guan, J., Liu, S., Comparing regional innovative capacities of PR China-based on data analysis of the national patents. *International Journal of Technology Management*, 2005, Vol. 32, No. 3/4. pp. 225 – 245.

98. Gunasekargea, A., Wilkinson, M., CEO compensation and firm performance: A new zealand investigation. *International Journal of Business Studies*, 2002, Vol. 10, No. 2. pp. 45 – 59.

99. Gupta, P. D., Multidimensional mathematical demography. *Journal of the American Statistical Association*, 1984, Vol. 79, No. 388. pp. 961 – 961.

100. Hall, B. J., Liebman, J. B., Are CEOs really paid like bureaucrats. *Quarterly Journal of Economics*, 1998, Vol. 113, No. 3. pp. 653 – 691.

101. Hambrick, D. C., Mason, P. A., Upper echelons: The organization as a reflection of its top managers. *Academy of Management Review*, 1984, Vol. 9, No. 2. pp. 193 – 206.

102. Hambrick, D. C., Guest editor's introduction: Putting top managers back in the strategy picture. *Strategic Management Journal*, 1989, Vol. 10, Summer Special Issue. pp. 5 – 15.

103. Hambrick, D. C., D'aveni, R. A., Top team deterioration as part of the downward spiral of large corporate bankruptcies. *Management Science*, 1992, Vol. 38, No. 10. pp. 1445 – 1466.

104. Hambrick, D. C., Top management groups: A conceptual integra-

tion and reconsideration of the "team" label. In Staw, B. M. and Cummings, L. L. (Eds.). *Research in Organizational Behavior*. Greenwich, CT: JAI Press, 1994, 16: 171 -214.

105. Hambrick, D. C., Upper echelons theory: An update. *Academy of Management Review*, 2007, Vol. 32, No. 2. pp. 334 -343.

106. Hambrick, D. C., Cho, T. S. and Chen, Ming-Jer., The influence of top management team heterogeneity on firms' competitive moves. *Administrative Science Quarterly*, 1996, Vol. 41, No. 4. pp. 659 -684.

107. Hansen, G. S., Hill, W. L., Are institutional investorsmyopic? A time-series study of four technology-driven industries. *Strategic Management Journal*, 1991, Vol. 12, No. 1. pp. 1 -16.

108. Hart, P., Mellors, J., Management youth and company growth: A correlation. *Management Decision*, 1970, Vol. 4, No. 1. pp. 50 -53.

109. Helgesen, S., *The Female Advantage*. New York, USA: Doubleday, 1995.

110. Hermalin, B. E., Weisbach, M. S., The effects of board composition and direct incentives on firm performance. *The Journal of the Financial Management Association*, 1991, Vol. 20, No. 4. pp. 101 -112.

111. Hickson, D. J., Butler, R. J., Cray, D., Mallory, G. R. and Wilson, D. C., *Top Decisions: Strategic Decision-making in Organizations*. San Francisco, CA: Jossey-Bass, 1986. pp. 649 -650.

112. Hitt, M. A., Ireland, R. D. and Palia, K. A., Industrial firms' grand strategy and functional importance: Moderating effects of technology and uncertainty. *Academy of Management Journal*, 1982, Vol. 25, No. 2. pp. 265 -298.

113. Hitt, M. A., Ireland, R. D., Harrison, J. S. and Hoskisson, R. E., Effects of acquisitions on R&D inputs and outputs. *Academy of Management Journal*, 1991a, Vol. 34, No. 3. pp. 693 -706.

114. Hitt, M. A., Tyler, B. B., Strategic decision models: Integrating different perspectives. *Strategic Management Journal*, 1991b, Vol. 12, No. 5. pp. 327 -351.

115. Hoffman, R. C., Hegarty, W. H., Top management influence on innovations: Effects of executive characteristics and social culture. *Journal of Management*, 1993, Vol. 19, No. 3. pp. 549 -574.

116. Hogg, M. A., Terry, D. J., Social identity and self-categorization processes in organizational contexts. *Academy of Management Review*, 2000, Vol. 25, No. 1. pp. 121 - 140.

117. Holmstrom, B., Moral hazard and observability. *Bell Journal of Economics*, 1979, Vol. 10, No. 1. pp. 74 - 91.

118. Huse, M., Women directors and the "black box" of board behavior. In Vinnicombe, S., Singh, V., Burke, R. J., Bilimoria, D., and Huse, M. (Eds.). *Women on Corporate Boards of Directors: International Research and Practice*. Cheltenham, UK: Edward Elgar, 2008.

119. Iaquinto, A. L., Fredrickson, J. W., Top management team agreement about the strategic decision process: A test of some of its determinants and consequences. *Strategic Management Journal*, 1997, Vol. 18, No. 1. pp. 63 - 75.

120. Jackson, S. E., Brett, J. F., Sessa, V. I., Cooper, D. M., Julin, J. A. and Peyronnin, K., Some differences make a difference: Individual dissimilarity and group heterogeneity as correlates of recruitment, promotions, and turnover. *Journal of Applied Psychology*, 1991, Vol. 76, No. 5. pp. 675 - 689.

121. Jackson, S. E., Joshi, A. and Erhardt, N. L., Recent research on team and organizational diversity: SWOT analysis and implications. *Journal of Management*, 2003, Vol. 29, No. 6. pp. 801 - 830.

122. Jehn, K. A., Chadwick, C. and Thatcher, S., To agree or not to agree: The effects of value congruence, individual demographic dissimilarity, and conflict on workgroup outcomes. *The International Journal of Conflict Management*, 1997a, Vol. 8, No. 4. pp. 287 - 305.

123. Jehn, K. A., A qualitative analysis of conflict types and dimensions in organizational groups. *Administrative Science Quarterly*, 1997b, Vol. 42, No. 3. pp. 530 - 557.

124. Jehn, K. A., Northcraft, G. B. and Neale, M. A., Why differences make a difference: A field study of diversity, conflict, and performance in workgroups. *Administrative Science Quarterly*, 1999, Vol. 44, No. 4. pp. 741 - 763.

125. Jensen, M. C., Meckling, W. H., Theory of the firm: managerial behavior, agency costs and ownership structure. *Journal of Financial Economics*,

1976, Vol. 3, No. 4. pp. 305 – 360.

126. Jensen, M. C., Agency costs of free cash flow, corporate finance, and takeovers. *American Economic Review*, 1986, Vol. 76, No. 2. pp. 323 – 329.

127. Jensen, M. C., Murphy, K. J., Performance pay and top-management incentives. *Journal of Political Economy*, 1990a, Vol. 98, No. 2. pp. 225 – 264.

128. Jensen, M. C., Murphy, K. J., CEO incentives -it's not how much you pay, but how. *Harvard Business Review*, 1990b, Vol. 68, No. 3. pp. 138 – 149.

129. Jensen, M., Zajac, E. J., Corporate elites and corporate strategy: How demographic preferences and structural position shape the scope of the firm. *Strategic Management Journal*, 2004, Vol. 25, No. 6. pp. 507 – 524.

130. Johnson, S., Porta, R. L., Lopez-de-silanes, F. and Shleifer, A., Tunneling. *American Economic Review*, 2000, Vol. 90, No. 2. pp. 22 – 27.

131. Johnson, S. A., Ryan, Jr., H. E. and Tian, Y. S., Managerial incentives and corporate fraud: The sources of incentives matter. *CFA Digest*, 2009, Vol. 39, No. 3. pp. 16 – 18.

132. Kale, J. R., Reis, E. and Venkateswaran, A., Rank-order tournaments and incentive alignment: The effect on firm performance. *The Journal of Finance*, 2009, Vol. 64, No. 3. pp. 1479 – 1512.

133. Kamien, M. I., Schwartz, N. L., Self-financing of an R&D project. *American Economic Review*, 1978, Vol. 68, No. 3. pp. 252 – 261.

134. Kamm, J. B., Shuman, J. C., Seeger, J. A. and Nurick, A. J., Entrepreneurial teams in new venture creation: A research agenda. *Entrepreneurship Theory and Practice*, 1990, Vol. 14, No. 4. pp. 7 – 17.

135. Katila, R., New product search over time: Past ideas in their prime?. *Academy of Management Journal*, 2002, Vol. 45, No. 5. pp. 995 – 1010.

136. Katz, R., The effects of group longevity on project communication and performance. *Administrative Science Quarterly*, 1982, Vol. 27, No. 1. pp. 81 – 104.

137. Katzenbach, J. R., Smith, D. K., *The Wisdom of Teams: Creating the High-performance Organization*. Boston, MA: Harvard Business School

Press, 1993. p. 45.

138. Keck, S. L., Top management team structure: Differential effects by environmental context. *Organization Science*, 1997, Vol. 8, No. 2. pp. 143 – 156.

139. Kilduff, M., Angelmar, R. and Mehra, A., Top management-team diversity and firm performance: Examining the role of cognitions. *Organization Science*, 2000, Vol. 11, No. 1. pp. 21 – 34.

140. Kimberly, J. R., Evanisko, M. J., Organizational innovation: The influence of individual, organizational, and contextual factors on hospital adoption of technological and administrative innovations. *The Academy of Management Journal*, 1981, Vol. 24, No. 4. pp. 689 – 713.

141. Kline, R. B., *Principles and Practice of Structural Equation Modeling*. New York: Guilford Press, 1998.

142. Knight, D., Pearce, C. L., Smith, K. G., Olian, J. D., Sims., H. P., Smith, K. A. and Flood, P., Top management team diversity, group process, and strategic consensus. *Strategic Management Journal*, 1999, Vol. 20, No. 5. pp. 445 – 465.

143. Korsgaard, M. A., Schweiger, D. M. and Sapienza, H. J., Building commitment, attachment, and trust in strategic decision making teams: The role of procedural justice. *The Academy of Management Journal*, 1995, Vol. 38, No. 1. pp. 60 – 84.

144. Krishnan, H. A., Miller, A. and Judge, W. Q., Diversification and top management team complementarity: Is performance improved by merging similar or dissimilar teams. *Strategic Management Journal*, 1997, Vol. 18, No. 5. pp. 361 – 374.

145. La Porta, R., Lopez-de-Silanes, F. and Shleifer, A., Corporate ownership around the world. *Journal of Finance*, 1999, Vol. 54, No. 2. pp. 471 – 517.

146. Lambert, R. A., Larcker, D. F. and Weigelt, K., The structure of organizational incentives. *Administrative Science Quarterly*, 1993, Vol. 38, No. 3. pp. 438 – 461.

147. Lawrence, P. R., Lorsch, J. W., *Organization and Environment*. Cambridge, MA: Harvard University Press, 1967.

148. Lawrence, B. S., The black box of organizational demography. *Organization Science*, 1997, Vol. 8, No. 1. pp. 1 – 22.

149. Lazear, E. P., Rosen, S., Rank-order tournaments as optimum labor contracts. *Journal of Political Economy*, 1981, Vol. 89, No. 5. pp. 841 – 864.

150. Leonard, J. S., Executive pay and firm performance. *Industrial & Labor Relations Review*, 1990, Vol. 43, No. 3. pp. 13S – 29S.

151. Lerner, J., Wulf, J., Innovation and incentives: Evidence from corporate R&D. *Review of Economics & Statistics*, 2007, Vol. 89, No. 4. pp. 634 – 644.

152. Li, H., Atuahene-Gima, K., Product innovation strategy and the performance of new technology ventures in China. *Academy of Management Journal*, 2001, Vol. 44, No. 6. pp. 1123 – 1134.

153. Li, J., Xin, K. R., Tsui, A. and Hambrick, D. C., Building effective international joint venture leadership teams in China-Good connections as substitutes for institutional support. *Journal of World Business*, 1999, Vol. 34, No. 1. pp. 52 – 68.

154. Lin, C., Lin, P., Song, F. M. and Li, C., Managerial incentives, CEO characteristics and corporate innovation in China's private sector. *Journal of Comparative Economics*, 2010, Article in Press.

155. Loden, M., Rosener, J. B., *Workforce America!: Managing Employee Diversity as a Vital Resource.* Homewood, IL: Business One Irwin, 1991.

156. Lorange, P., *Corporate Planning: An Executive Viewpoint.* Englewood Cliffs, NJ: Prentice-Hall, 1980.

157. Lyon, D. W., Ferrier, W. J., and Schoenecker, T. S. Enhancing performance with product-market innovation: The influence of the top management team. *Journal of Managerial Issues*, 2002, Vol. 14, No. 4. pp. 452 – 469.

158. Main, B. G. M., O'Reilly Ⅲ, C. A. and Wade, J., Top executive pay: tournament or teamwork. *Journal of Labor Economics*, 1993, Vol. 11, No. 4. pp. 606 – 628.

159. Major, B., O'Brien, L. T., The social psychology of stigma. *Annual Review of Psychology*, 2005, Vol. 56, No. 1. pp. 393 – 421.

160. March, J. G., Simon, H. A., *Organizations.* New York, USA: John Wiley & Sons, 1958.

161. March, J. G., The power of power. In Easton, D. (Ed.). *Varieties of Political Theory.* Englewood Cliffs, NJ: Prentice – Hall, 1966.

162. Mayer, M., Whittington, R., Diversification in context: A cross-national and cross-temporal extension. *Strategic Management Journal*, 2003, Vol. 24, No. 8. pp. 773 - 781.

163. Maznevski, M. L., Understanding our differences: Performance in decision-making groups with diverse members. *Human Relations*, 1994, Vol. 47, No. 5. pp. 531 - 552.

164. McConnell, J. J., Servaes, H., Additional evidence on equity ownership and corporate value. *Journal of Financial Economics*, 1990, Vol. 27, No. 2. pp. 595 - 612.

165. McLeod, P. L., Lobel, S. A. and Cox, T., Ethnic diversity and creativity in small groups. *Small Group Research*, 1996, Vol. 27, No. 2. pp. 248 - 264.

166. Michel, J. G., Hambrick, D. C., Diversification posture and top management team characteristics. *The Academy of Management Journal*, 1992, Vol. 35, No. 1. pp. 9 - 37.

167. Michie, S. G., Dooley, R. S. and Fryxell, G. E., Top management team heterogeneity, consensus, and collaboration: A moderated mediation model of decision quality. *Academy of Management Proceedings*, 2002, Vol. 2002, No. 1. pp. 1 - 6.

168. Milliken, F. J., Martins, L. L., Searching for common threads: Understanding the multiple effects of diversity in organizational groups. *Academy of Management Review*, 1996, Vol. 21, No. 2. pp. 402 - 433.

169. Mitroff, I. I., Talking past one's colleagues in matters of policy. *Strategic Management Journal*, 1982, Vol. 3, No. 4. pp. 374 - 376.

170. Mooney, A. C., Sonnenfeld, J., Exploring antecedents to top management team conflict: The importance of behavioral integration. *Academy of Management Proceedings*, 2001, Vol. 2001, No. 1. pp. 11 - 16.

171. Morck, R., Shleifer, A. and Vishny, R. W., Management ownership and market valuation: An empirical analysis. *Journal of Financial Economics*, 1988, No. 20. pp. 293 - 315.

172. Moreland, R. L., Social categorization and the assimilation of "new" group members. *Journal of Personality and Social Psychology*, 1985, Vol. 48, No. 5. pp. 1173 - 1190.

173. Mueller, D. C. , Yun, S. L. , Managerial discretion and managerial compensation. *International Journal of Industrial Organization*, 1997, Vol. 15, No. 4. pp. 441 – 454.

174. Murphy, K. J. , Corporate performance and managerial remuneration: An empirical analysis. *Journal of Accounting and Economics*, 1985, Vol. 7, No. 1 – 3. 11 – 42.

175. Murray, A. I. , Top management group heterogeneity and firm performance. *Strategic Management Journal*, 1989, Vol. 10, No. S1. pp. 125 – 141.

176. Murray, N. , Michael, A. and Michael, B. , Testing corporate model prediction accuracy. *Australian Journal of Management*, 1989, Vol. 14, No. 2. pp. 211 – 222.

177. Nemeth, C. J. , *Minoroty Dissent as a Stimulant to Group Performance.* In Worchel, S. , Wood, W. and Simpson, J. A. (Eds.). Group Process and Productivity. Newbury Park, CA: Sage, 1992. pp. 95 – 111.

178. Oakley, J. G. , Gender-based barriers to senior management positions: Understanding the scarcity of female CEOs. *Journal of Business Ethics*, 2000, Vol. 27, No. 4. pp. 321 – 334.

179. O'Reilly Ⅲ, C. A. , Caldwell, D. F. and Barnett, W. P. , Work group demography, social integration, and turnover. *Administrative Science Quarterly*, 1989a, Vol. 34, No. 1. pp. 21 – 37.

180. O'Reilly Ⅲ, C. A. , Flatt, S. , *Executive Team Demography, Organizational Innovation, and Firm Performance.* Berkley, CA: University of California, 1989b.

181. Pelled, L. H. , Relational demography and perceptions of group conflict and performance: A field investigation. *International Journal of Conflict Management*, 1996, Vol. 7, No. 3. pp. 230 – 246.

182. Pelled, L. H. , Eisenhardt, K. M. and Xin, K. R. , Exploring the black box: An analysis of work group diversity, conflict, and performance. *Administrative Science Quarterly*, 1999, Vol. 44, No. 1. pp. 1 – 28.

183. Pelz, D. C. , Some social factors related to performance in a research organization. *Administrative Science Quarterly*, 1956, Vol. 1, No. 3. pp. 310 – 325.

184. Penrose, E. T. , *The Theory of the Growth of the Firm.* New York, USA: John Wiley & Sons, 1959.

185. Perlmutter, H. V. , The tortuous evolution of the multinational corporation. *Columbia Journal of World Business*, 1969, Vol. 4, No. 1. pp. 9 - 18.

186. Pfeffer, J. , Organizational demography. *Research in Organizational Behavior*, 1983, No. 5. pp. 299 - 357.

187. Priem, R. L. , Top management team group factors, consensus, and firm performance. *Strategic Management Journal*, 1990, Vol. 11, No. 6. pp. 469 - 478.

188. Priem, R. L. , Lyonc, D. W. and Dessd, G. G. , Inherent limitations of demographic proxies in top management team heterogeneity research. *Journal of Management*, 1999, Vol. 25, No. 6. pp. 935 - 953.

189. Reuber, A. R. , Fischer, E. , The influence of the management team's international experience on the internationalization behaviors of SMES. *Journal of International Business Studies*, 1997, Vol. 28, No. 4. pp. 807 - 825.

190. Richard, O. C. , Shelor, R. M. , Linking top management team age heterogeneity to firm performance: Juxtaposing two mid-range theories. *International Journal of Human Resource Management*, 2002, Vol. 13, No. 6. pp. 958 - 974.

191. Riordan, C. M. , Shore, L. M. , Demographic diversity and employee attitudes: An empirical examination of relational demography within work units. *Journal of Applied Psychology*, 1997, Vol. 82, No. 3. pp. 342 - 358.

192. Ritter, T. , Gemünden, H. G. , The impact of a company's business strategy on its technological competence, network competence and innovation success. *Journal of Business Research*, 2004, Vol. 57, No. 5. pp. 548 - 556.

193. Rose, C. , Does female board representation influence firm performance? The danish evidence. *Corporate Governance: An International Review*, 2007, Vol. 15, No. 2. pp. 404 - 413.

194. Rosen, S. , Prizes and incentives in elimination tournaments. *American Economic Review*, 1986, Vol. 76, No. 4. pp. 701 - 715.

195. Ross, J. E. , Kami, M. J. , *Corporate Management in Crisis: Why the Mighty Fall.* Englewood Cliffs, NJ: Prentice-Hall, 1973.

196. Sambharya, R. B. , Foreign experience of top management teams and international diversification strategies of U. S. multinational corporations. *Strategic Management Journal*, 1996, Vol. 17, No. 9. pp. 739 - 746.

197. Sanders, W. G., Carpenter, M. A., Internationalization and firm governance: The roles of CEO compensation, top team composition, and board structure. *The Academy of Management Journal*, 1998, Vol. 41, No. 2. pp. 158 – 178.

198. Schein, V. E., The relationship between sex role stereotypes and requisite management characteristics. *Journal of Applied Psychology*, 1973, Vol. 57, No. 2. pp. 95 – 100.

199. Schmidt, W. H., Posner, B. Z., *Managerial Values in Perspective*. New York, USA: American Management Association, 1983.

200. Schmidt, W. H., Posner, B. Z., The values of American managers then and now. *Management Review*, 1992, Vol. 81, No. 2. pp. 37 – 40.

201. Schoenecker, T. S., Daellenbach, U. S. and McCarthy, A. M., Factors affecting a firm's commitment to innovation. *Academy of Management Best Papers Proceedings*, 1995. pp. 52 – 56.

202. Schweiger, D. M., Sandberg, W. R. and Ragan, J. W., Group approaches for improving strategic decision making: A comparative analysis of dialectical inquiry, devil's advocacy, and consensus. *Academy of Management Journal*, 1986, Vol. 29, No. 1. pp. 51 – 71.

203. Schweiger, D. M., Sandberg, W. R. and Rechner, P. L., Experiential effects of dialectical inquiry, devil's advocacy and consensus approaches to strategic decision making. *Academy of Management Journal*, 1989, Vol. 32, No. 4. pp. 745 – 772.

204. Schumpeter, J. A., *The Theory of Economic Development*. Cambridge, MA: Harvard University Press, 1934.

205. Schumpeter, J. A., *Socialism, Capitalism and Democracy*. New York: Harper and Row, 1942.

206. Sealy, R., Singh, V. and Vinnicombe, S., *The Female FTSE Report* 2007. Cranfield, UK: Cranfield University School of Management, 2007.

207. Sealy, R., *The Importance of Female Role Models For Senior Women in Investment Banks*. Academy of Management Annual Meeting, Anaheim, GA, 2008.

208. Shank, M. E., Zeithmlal, C. P. and Blackburn, R. S. et al., Predictors of top management team environmental perception accuracy: A model and propositions. *Academy of Management Best Papers Proceedings*, 1988, Vol. 1988,

No. 1. pp. 37 - 41.

209. Shefer, D., Frenkel, A. T., R&D, firm size and innovation: An empirical analysis. *Technovation*, 2005, Vol. 25, No. 1. pp. 25 - 32.

210. Short, H., Keasey, K., Managerial ownership and the performance of firms: Evidence from the UK. *Journal of Corporate Finance*, 1999, Vol. 5, No. 1. pp. 79 - 101.

211. Shrader, C. B., Blackburn, V. B., Women in management and firm financial performance: An exploratory study. *Journal of Managerial Issues*, 1997, Vol. 9, No. 3. pp. 355 - 363.

212. Simons, T., Pelled, L. H. and Smith, K. A., Making use of difference: Diversity, debate, and decision comprehensiveness in top management teams. *Academy of Management Journal*, 1999, Vol. 42, No. 6. pp. 662 - 673.

213. Singh, V., *Transforming Boardroom Cultures in Science, Engineering and Technology Organization*. Research Report Series for UKRC No. 8, 2008.

214. Sloan, R. G., Accounting earnings and top executive compensation. *Journal of Accounting and Economics*, 1993, Vol. 16. No. 1. PP. 55 - 100.

215. Smart, J. C., College effects on occupational status attainment. *Research in Higher Education*, 1986, Vol. 24, No. 1. pp. 73 - 95.

216. Smith, K. G., Smith, K. A., Sims., H. P., O' Bannon, D. P., Scully, J. A. and Olian, J. D., Top management team demography and process: The role of social integration and communication. *Administrative Science Quarterly*, 1994, Vol. 39, No. 3. pp. 412 - 438.

217. Smith, N., Smith, V. and Verner, M., Do women in top management affect firm performance? A panel study of 2, 500 Danish firms. *International Journal of Productivity & Performance Management*, 2006, Vol. 55, No. 7. pp. 569 - 593.

218. Snow, C. C., Hrebiniak, L. G., Strategy, distinctive competence, and organizational performance. *Administrative Science Quarterly*, 1980, Vol. 25, No. 2. pp. 317 - 336.

219. Song, J. H., Diversification strategies and the experience of top executives of large firms. *Strategic Management Journal*, 1982, Vol. 3, No. 4. pp. 377 - 380.

220. Srivastava, A., Lee, H., Predicting order and timing of new product moves: The role of top management in corporate entrepreneurship. *Journal of Business Venturing*, 2005, Vol. 20, No. 4. pp. 459 – 481.

221. Staw, B. M., Ross, J., Commitment in an experimenting society: A study of the attribution of leadership from administrative scenarios. *Journal of Applied Psychology*, 1980, Vol. 65, No. 3. pp. 249 – 260.

222. Stephan, W. G., Stephan, C. W., Intergroup anxiety. *Journal of Social Issues*, 1985, Vol. 41, No. 3. pp. 157 – 175.

223. Stulz, R., Managerial control of voting rights: Financing policies and the market for corporate control. *Journal of Financial Economics*, 1988. pp. 25 – 54.

224. Sutcliffe, K. M., What executives notice: Accurate perceptions in top management teams. *The Academy of Management Journal*, 1994, Vol. 37, No. 5. pp. 1360 – 1378.

225. Sørensen, J. B., Stuart, T. E., Aging, obsolescence, and organizational innovation. *Administrative Science Quarterly*, 2000, Vol. 45, No. 1. pp. 81 – 112.

226. Tajfel, H., *Human Groups and Social Categories*. Cambridge, London, UK: Cambridge University Press, 1981.

227. Tajfel, H., Turner, J. C., The social identity theory of intergroup behavior. In Worchel, S., Austin, W. G. (Eds.). *Psychology of intergroup relations*. Chicago, USA: Nelson-Hall, 1985. pp. 7 – 24.

228. Taylor, R. N., Age and experience as determinants of managerial information processing and decision making performance. *The Academy of Management Journal*, 1975, Vol. 18, No. 1. pp. 74 – 81.

229. Teece, D. J., Profiting from technological innovation: Implications for integration, collaboration, licensing and public policy. *Research Policy*, 1986, Vol. 15, No. 6. pp. 285 – 305.

230. Tharenou, P., Why So Few Female Senior Academics. *Australian Journal of Management*, 1994, Vol. 19, No. 2. pp. 221 – 228.

231. Tihanyi, L., Ellstrand, A. E., Daily, C. M. and Dalton, D. R., Composition of the top management team and firm international diversification. *Journal of Management*, 2000, Vol. 26, No. 6. pp. 1157 – 1177.

232. Tosi, H. L. , Werner, S. , Katz, J. P. and Gomez-Mejia, L. R. , How much does performance matter? A meta-analysis of CEO pay studies. *Journal of Management*, 2000, Vol. 26, No. 2. pp. 301 – 339.

233. Triandis, H. C. , Kurowski, L. L. and Gelfand, M. J. , Workplace diversity. In Triandis, H. C. , Dunnette, M. D. and Hough, L. M. (Eds.). *Handbook of Industrial and Organizational Psychology*. Palo Alto, CA: Consulting Psychologists Press, 1994. pp. 769 – 827.

234. Tsui, A. S. , O' Reilly Ⅲ, C. A. , Beyond simple demographic effects: The importance of relational demography in superior-subordinate dyads. *Academy of Management Journal*, 1989, Vol. 32, No. 2. pp. 402 – 423.

235. Tsui, A. S, Egan, T. D. and O'Reilly Ⅲ, C. A. , Being different: Relational demography and organizational attachment. *Administrative Science Quarterly*, 1992, Vol. 37, No. 4. pp. 549 – 579.

236. Tyson, L. D. , New clues to the pay and leadership gap. *Business Week*, 2003, (3855): 36 – 36.

237. Van den Steen, E. , *Too motivated*. MIT Sloan Working Paper No. 4547 – 05, 2005.

238. Waldman, D. A. , Avolio, B. J. , A meta-analysis of age differences in job performance. *Journal of Applied Psychology*, 1986, Vol. 71, No. 1. pp. 33 – 38.

239. Wally, S. , Becerra, M. , Top management team characteristics and strategic changes in international diversification: The case of U. S. multinationals in the european community. *Group & Organization Management*, 2001, Vol. 26, No. 2. pp. 165 – 188.

240. Warfield, T. D. , Wild, J. J. and Wild, K. L. , Managerial ownership, accounting choices, and informativeness of earnings. *Journal of Accounting and Economics*, 1995, Vol. 20, No. 1. pp. 61 – 91.

241. Webber, S. S. , Donahue, L. M. , Impact of highly and less job-related diversity on work group cohesion and performance: A meta-analysis. *Journal of Management*, 2001, Vol. 27, No. 2. pp. 141 – 162.

242. Weick, K. E. , Organizational culture as a source of high reliability. *California Management Review*, 1987, Vol. 29, No. 2. pp. 112 – 127.

243. Weinzimmer, L. G. , Bond Ⅲ, E. U. , Houston, M. B. and Nys-

trom, P. C., Relating marketing expertise on the top management team and strategic market aggressiveness to financial performance and shareholder value. *Journal of Strategic Marketing*, 2003, Vol. 11, No. 2. pp. 133 – 159.

244. Wiersema, M. F., Bantel, K. A., Top management team demography and corporate strategic change. *The Academy of Management Journal*, 1992, Vol. 35, No. 1. pp. 91 – 121.

245. Wiersema, M. F., Bird, A., Organizational demography in Japanese firms: Group heterogeneity, individual dissimilarity, and top management team turnover. *Academy of Management Journal*, 1993, Vol. 36. No. 5. pp. 996 – 1025.

246. Williams, K. Y., O'Reilly Ⅲ, C. A., Demography and diversity in organizations: A review of 40 years of research. *Research in Organizational Behavior*, 1998, Vol. 20. pp. 77 – 140.

247. Wiseman, R. M., Gomez-Mejia, L. R., A behavioral agency model of managerial risk taking. *Academy of Management Review*, 1998, Vol. 23, No. 1. pp. 133 – 153.

248. Zahra, S. A., Technology strategy and financial performance: examining the moderating role of the firm's competitive environment. *Journal of Business Venturing*, 1996, Vol. 11, No. 3. pp. 189 – 219.

249. Zajac, E. J., CEO selection, succession, compensation and firm performance: A theoretical integration and empirical analysis. *Strategic Management Journal*, 1990, Vol. 11, No. 3. pp. 217 – 230.

250. Zenger, T. R., Lawrence, B. S., Organizational demography: The differential effects of age and tenure distributions on technical communication. *Academy of Management Journal*, 1989, Vol. 32, No. 2. pp. 353 – 376.

附录

中国沪深两市高科技上市公司样本一览表（共计329家）

代码	公司简称	代码	公司简称	代码	公司简称	代码	公司简称
代码	公司简称	代码	公司简称	代码	公司简称	代码	公司简称
002001	新和成	002048	宁波华翔	002097	山河智能	002141	蓉胜超微
002004	华邦制药	002049	晶源电子	002099	海翔药业	002147	方圆支承
002005	德豪润达	002050	三花股份	002101	广东鸿图	002148	北纬通信
002006	精功科技	002052	同洲电子	002106	莱宝高科	002151	北斗星通
002007	华兰生物	002054	德美化工	002107	沃华医药	002152	广电运通
002008	大族激光	002055	得润电子	002108	沧州明珠	002153	石基信息
002009	天奇股份	002056	横店东磁	002109	兴化股份	002156	通富微电
002010	传化股份	002057	中钢天源	002111	威海广泰	002158	汉钟精机
002011	盾安环境	002058	威尔泰	002112	三变科技	002161	远望谷
002013	中航精机	002061	江山化工	002115	三维通信	002164	东力传动
002014	永新股份	002063	远光软件	002118	紫鑫药业	002165	红宝丽
002018	华星化工	002064	华峰氨纶	002119	康强电子	002166	莱茵生物
002019	鑫富药业	002065	东华软件	002121	科陆电子	002167	东方锆业
002020	京新药业	002068	黑猫股份	002122	天马股份	002168	深圳惠程
002021	中捷股份	002073	软控股份	002123	荣信股份	002169	智光电气
002022	科华生物	002074	东源电器	002125	湘潭电化	002170	芭田股份
002025	航天电器	002076	雪莱特	002126	银轮股份	002172	澳洋科技
002027	七喜控股	002079	苏州固锝	002127	新民科技	002175	广陆数测
002028	思源电气	002085	万丰奥威	002129	中环股份	002176	江特电机
002030	达安基因	002089	新海宜	002131	利欧股份	002177	御银股份
002031	巨轮股份	002090	金智科技	002134	天津普林	002179	中航光电
002037	久联发展	002092	中泰化学	002136	安纳达	002180	万力达
002038	双鹭药业	002093	国脉科技	002137	实益达	002184	海得控制
002045	广州国光	002095	生意宝	002138	顺络电子	002185	华天科技
002046	轴研科技	002096	南岭民爆	002139	拓邦股份	002188	新嘉联
002189	利达光电	002227	奥特迅	002272	川润股份	002317	众生药业

（续上表）

002190	成飞集成	002230	科大讯飞	002273	水晶光电	002319	乐通股份
002192	路翔股份	002231	奥维通信	002274	华昌化工	002322	理工监测
002194	武汉凡谷	002232	启明信息	002275	桂林三金	002323	中联电气
002195	海隆软件	002236	大华股份	002276	万马电缆	002324	普利特
002196	方正电机	002241	歌尔声学	002278	神开股份	002326	永太科技
002197	证通电子	002242	九阳股份	002279	久其软件	002331	皖通科技
002198	嘉应制药	002243	通产丽星	002280	新世纪	002332	仙琚制药
002199	东晶电子	002246	北化股份	002281	光迅科技	002334	英威腾
002202	金风科技	002248	华东数控	002283	天润曲轴	002335	科华恒盛
002204	华锐铸钢	002249	大洋电机	002284	亚太股份	002337	赛象科技
002206	海利得	002250	联化科技	002287	奇正藏药	002338	奥普光电
002209	达意隆	002252	上海莱士	002288	超华科技	002339	积成电子
002211	宏达新材	002253	川大智胜	002289	宇顺电子	002341	新纶科技
002212	南洋股份	002254	烟台氨纶	002294	信立泰	002343	禾欣股份
002213	特尔佳	002255	海陆重工	002296	辉煌科技	002347	泰尔重工
002214	大立科技	002256	彩虹精化	002297	博云新材	002349	精华制药
002215	诺普信	002258	利尔化学	002298	鑫龙电器	002350	北京科锐
002217	联合化工	002260	伊立浦	002300	太阳电缆	002351	漫步者
002218	拓日新能	002261	拓维信息	002308	威创股份	002355	兴民钢圈
002219	独一味	002263	大东南	002309	中利科技	002356	浩宁达
002222	福晶科技	002265	西仪股份	002312	三泰电子	002358	森源电气
002223	鱼跃医疗	002266	浙富股份	002313	日海通讯	002360	同德化工
002224	三力士	002268	卫士通	002315	焦点科技	002361	神剑股份
002226	江南化工	002270	法因数控	002316	键桥通讯	002362	汉王科技
002363	隆基机械	002401	交技发展	002432	九安医疗	002466	天齐锂业
002364	中恒电气	002402	和而泰	002433	太安堂	002467	二六三
002366	丹甫股份	002405	四维图新	002434	万里扬	002470	金正大
002367	康力电梯	002406	远东传动	002435	长江润发	002471	中超电缆
002368	太极股份	002407	多氟多	002436	兴森科技	002472	双环传动

（续上表）

002369	卓翼科技	002408	齐翔腾达	002437	誉衡药业	002473	圣莱达
002370	亚太药业	002409	雅克科技	002438	江苏神通	002474	榕基软件
002371	七星电子	002410	广联达	002439	启明星辰	002475	立讯精密
002372	伟星新材	002411	九九久	002440	闰土股份	002476	宝莫股份
002373	联信永益	002412	汉森制药	002442	龙星化工	002480	新筑股份
002376	新北洋	002413	常发股份	002445	中南重工	002483	润邦股份
002377	国创高新	002414	高德红外	002446	盛路通信	002484	江海股份
002380	科远股份	002415	海康威视	002448	中原内配	002488	金固股份
002381	双箭股份	002416	爱施德	002449	国星光电	002490	山东墨龙
002382	蓝帆股份	002417	三元达	002450	康得新	002491	通鼎光电
002383	合众思壮	002418	康盛股份	002451	摩恩电气	002493	荣盛石化
002386	天原集团	002420	毅昌股份	002452	长高集团	002496	辉丰股份
002388	新亚制程	002421	达实智能	002453	天马精化	002497	雅化集团
002389	南洋科技	002422	科伦药业	002454	松芝股份	002498	汉缆股份
002390	信邦制药	002423	中原特钢	002455	百川股份	002499	科林环保
002391	长青股份	002424	贵州百灵	002456	欧菲光	002504	东光微电
002393	力生制药	002426	胜利精密	002459	天业通联	002506	超日太阳
002395	双象股份	002427	尤夫股份	002463	沪电股份	002508	老板电器
002396	星网锐捷	002429	兆驰股份	002464	金利科技	002509	天广消防
002399	海普瑞	002430	杭氧股份	002465	海格通信	002510	天汽模
002512	达华智能	002527	新时达	002535	林州重机	002550	千红制药
002513	蓝丰生化	002528	英飞拓	002536	西泵股份	002551	尚荣医疗
002518	科士达	002529	海源机械	002537	海立美达	002552	宝鼎重工
002519	银河电子	002530	丰东股份	002538	司尔特	002553	南方轴承
002520	日发数码	002531	天顺风能	002539	新都化工	002564	张化机
002522	浙江众成	002532	新界泵业	002543	万和电气		
002523	天桥起重	002533	金杯电工	002544	杰赛科技		
002526	山东矿机	002534	杭锅股份	002546	新联电子		